Cautivado por Tu Palabra
7 parábolas para hacer oración

AF283044

Raúl Alas Alas

EDICIONES UNIVERSIDAD DE NAVARRA, S.A.
PAMPLONA

Cupón para la Biblioteca Virtual

Accede a la versión eBook de este título por solo **1,99 €**. Con la compra de este libro puedes utilizar el siguiente cupón para la lectura en *streaming** desde la Biblioteca Virtual. **Sigue estas instrucciones** para visualizar tu libro:

1. Dirígete a la web de la Biblioteca Virtual en **https://ebooks.eunsa.es**.

2. En la web ve a **Iniciar sesión** e introduce tu email y contraseña. Si no estás registrado, deberás completar el proceso en **Registrarse**.

3. Tras registrarte, accede a la página del libro o lee el QR de esta página. Bajo el precio podrás **insertar el código oculto en el siguiente cupón** para activar la promoción.

Despegue para visualizar

Acceso directo al eBook

No se admitirá la devolución del libro si el código promocional ha sido manipulado

Canjéalo en ebooks.eunsa.es

*Con acceso a internet desde cualquier navegador.

Colección: Persona y Cultura
n.º 61

Queda prohibida, salvo excepción prevista en la ley, cualquier forma de reproduc-
ción, distribución, comunicación pública y transformación, total o parcial, de esta
obra sin contar con autorización escrita de los titulares del *Copyright*. La infrac-
ción de los derechos mencionados puede ser constitutiva de delito contra la propiedad intelectual (Artículos 270 y ss. del Código Penal).

Primera edición: 2025

© Raúl Alas Alas
    Ediciones Universidad de Navarra, S.A. (EUNSA)
    Campus Universitario • Universidad de Navarra • 31009 Pamplona • España
    +34 948 25 68 50 • www.eunsa.es • eunsa@eunsa.es

ISBN: 978-84-313-4060-5
DL NA 1671-2025

Diseño cubierta: Fernando Cuevas
Fotografía cubierta: Freepik.

Printed in Spain – Impreso en España
    Imprime Podiprint

¡Señor, explícanos la parábola!

Índice

I
Prólogo

«Señor, enséñanos a orar»
(Lucas 11, 1)

Soy un peregrino en el tiempo. Me he trasladado a Tierra Santa con la imaginación y un rotundo anhelo de verte, escucharte y sentirte cerca. Me gustaría tener el móvil conmigo y grabar este singular momento, para verlo una y otra vez en la intimidad, y saborear tus palabras y gestos. Pero ahora mismo no quiero distraerme en nada ni pensar en otras cosas. Es un momento sublime que perciben mis sentidos y hace palpitar mi corazón.

Voy detrás de ti, sigo tus pasos y camino con decisión hacia donde te diriges. Hay un magnetismo único que transmites con tu presencia. Después de un tiempo de caminar y seguirte, frenas la marcha y buscas un lugar adecuado para dirigirte a quienes hemos venido a estar contigo. Encuentras un peñasco en lo alto de una colina que te sirve de escenario para expresar tus palabras.

Pero antes de empezar, haces un breve silencio, mientras observas detenidamente a cada uno de los que estamos allí presentes. Tu mirada es serena y apacible. Inspiras una enorme confianza con tu expresión amable y cercana. Estoy atento a cada uno de tus gestos y expresiones. No siento pasar el tiempo ni advierto el lugar donde me encuentro. Todo me parece que se ha detenido a mi alrededor.

En ese instante caigo en cuenta del portentoso momento que estoy viviendo: es Jesús que me mira con sus ojos llenos de ternura y afecto. Yo me ruborizo y bajo discretamente la mirada, porque me reconozco pequeño y frágil, como un niño travieso que hace trastadas cada vez que se encuentra solo. No importa. Me sigues mirando en un instante que parece eterno, pero estoy dichoso. Siento una inmensa paz. No me juzgas, no me acusas y no me ves como un trasto, sino como un padre cariñoso ve a un hijo. Me miras con amor y misericordia.

Luego miras a los demás con predilección particular. No ha pasado mucho tiempo desde que hemos llegado, pero percibo que este instante es un regalo maravilloso que no quiero que acabe. Reina el silencio en medio de una profunda vibración interior. Estoy contemplando la escena como un espectador, pero me haces sentir como un protagonista del momento.

> Estoy contemplando la escena como un
> espectador, pero me haces sentir como
> un protagonista del momento

Comienzas a hablar despacio con un tono suave y cálido. A medida que lo haces, tu rostro parece iluminarse, mientras un destello de tus ojos me mantiene atento a tus gestos y palabras. En medio de ese trance, advierto tu sonrisa, que es diáfana y natural. No hay nada superficial o fingido en ella, toda tu expresión corporal es un reflejo de tu profunda sencillez.

A medida que hablas, se trasluce la belleza de tu corazón sabio. Dices las palabras precisas, sin excederte o quedarte corto. Cada frase contiene una riqueza infinita. No hablas de forma sofisticada o incomprensible, sino más bien de cosas que me rodean y conozco. Todo lo que dices es fácil de comprender e interiorizar. Es como escuchar algo familiar, pero al mismo tiempo sumamente novedoso y lleno de sentido.

Me pellizco discretamente para descubrir si esto es un sueño, pero advierto que todo me resulta tan cierto y real. Conmueve verte en directo y de cerca. El viento sopla delicioso, por ráfagas, que alejan toda sensación de humedad y calor. Tu presencia lo ocupa todo. Estoy sentado en el suelo, pero no me cansa ni me molesta estar así. Quiero seguir escuchándote y paladeando cada historia que cuentas en tus parábolas. Me confieso cautivado por Tu Palabra.

> Quiero seguir escuchándote y paladeando cada historia que cuentas en tus parábolas. Me confieso cautivado por Tu Palabra

CREO, ESPERO Y AMO

Todo lo que dices me gusta y quiero seguir escuchando, pero mientras hablas mi mente hace traición y me distraigo en pensamientos remotos, dispares y lejanos. Rectifico pronto y vuelvo a fijar mi atención en ti. No es difícil volver, porque tu palabra «es viva y eficaz» como dicen las escrituras. Pero caigo en cuenta que soy débil, variable y distraído. Lo tengo claro, necesito reforzar mis virtudes para soltar amarras y ambigüedades.

Estoy convencido que mis circunstancias no son distintas de los que están a mi alrededor, pero el mensaje lo recibe cada uno según sus disposiciones interiores. Entonces, percibo que las palabras de Jesús se dirigen a cada uno, sin generalidades, sino con la llamada firme para emprender un camino personal hacia esa luz poderosa que transmiten sus palabras. Busco en mi interior donde alojarlas para que alumbren mi corazón, pero lleva un tiempo vacío y me siento movido a cambiar mi forma de ser.

Es un instante de gran decisión y al buscar tu mirada, me encuentro con la certeza que evocan tus reflexiones en voz alta. Mi corazón vibra de emoción y en lo profundo de mi interior exclamo: «Creo, espero y amo». Porque es muy cierto eso que: «Nuestra oración será buena y fecunda si se fundamenta en la fe, la esperanza y el amor. Porque en ellas reside el dinamismo fundamental de la vida cristiana» (Philippe, 2014).

Creo, porque la fe es lo que activa mi vida de oración. Es la fuerza poderosa que mueve montañas, que arranca árboles y los trasplanta en el fondo del mar. Y que me mueve a dar pasos en firme en la dirección que Dios propone y me hace confiar en su palabra divina. Escucho tu voz y eso me produce un enorme deseo de caminar hacia ti y fundirme en un abrazo contigo. Creer vale oro, porque me permite estar unido a Dios, mi alcázar, la roca a la que me aferro con seguridad.

El que cree, espera. Porque la fe no es un sentimiento vago, fugaz o pasajero, sino la certeza de lo que está por venir. Como bien recoge la carta a los Hebreos en el Nuevo Testamento: «La fe es fundamento de las cosas que se esperan, prueba de las que no se ven» (Heb 11,1). Por eso, necesitamos de Dios, de su sabiduría infinita, para enfrentar los desafíos que se nos presenten. Nos fiamos de Él porque sabemos que su palabra es verdadera, y siempre enriquece con su gracia a la inteligencia y voluntad de quien se acoge a su bondad.

El que espera, ama. Ama con todo su ser, porque el amor es personal, activo y audaz. No es una expresión automática de los sentidos, un mero acompañamiento temporal o un hacer las cosas por el otro sin más, sino la expresión más pura de la presencia personal. Una presencia plena y rotunda que llena mis días de inmensa alegría. «Tendemos a confundir la felicidad con el bienestar. El bienestar tiene que ver con los sentidos, la felicidad tiene que ver con algo que colma el corazón» (Puig, 2018).

Por lo cual, estar con Jesús no es simplemente pensar en su nombre o verlo en la distancia, sino en amarlo por entero, llenarnos de su presencia y tener fuego en el corazón. Por eso, la oración nos lleva a contemplarlo de cerca y a interiorizar su palabra, que nos enciende el alma y le da una nueva existencia. A veces la vida es un compendio de altos y bajos, encrucijadas, miserias y tribulaciones, caídas y subidas, en fin, una colección de circunstancias que entretejen la realidad personal.

Pero esta contemplación diviniza nuestra humanidad y eleva el espíritu hacia alturas insospechadas. Consigue activar nuestras facultades y talentos, y nos vuelve creativos para comprender sus mociones e inspiraciones. Esa cercanía tan poderosa, nos hace gozar del sumo bien y saborear la maravilla de su verdad. En definitiva, nos hace herederos de su propia identidad. Nos vuelve parte de su familia, hijos predilectos. Todo lo cual nos hace palpar la felicidad.

TIEMPO PARA DIOS

Vuelvo al encuentro cara a cara con Jesús. Ahora guarda silencio. Hace una pausa en su predicación, que inunda todo el lugar de sosiego y espacio para la reflexión. Me conmueve ese recogimiento esculpido en una gran naturalidad. Es interesante darme cuenta de que hasta ahora no ha buscado imponerse con largos discursos, sino con frases encendidas y parábolas, que alumbran el entendimiento y llenan de gozo el corazón.

Este silencio suyo me llena de una inmensa paz y serenidad. Parece como si está dialogando interiormente consigo mismo. Pero es más que eso, porque en realidad está en íntima comunicación con su Padre. Cierra por un momento los ojos y su expresión es sublime, como saboreando el momento de esa conexión divina con el AMOR en mayúsculas. Esa maravillosa afinidad se manifiesta en la lozanía de su rostro, en su amable sonrisa y en la expresión cariñosa de sus ojos, que al abrirlos alcanza todo con su luz.

Luego de ese precioso paréntesis, retoma el hilo de su predicación. Dice unas frases redondas, claras y llenas de sentido, que se quedan resonando en mi interior. Sus palabras hablan de la riqueza de permanecer a su lado, del insondable misterio del amor y la amistad. «Como el Padre me amó, así os he amado yo. Permaneced en mi amor» (Jn 15,9). Y prosigue explicando el alcance supremo de esta ley del amor: «Nadie tiene amor más grande que el de dar uno la vida por sus amigos. Vosotros sois mis amigos si hacéis lo que os mando. Ya no os llamo siervos, porque el siervo no sabe lo que hace su señor; a vosotros, en cambio, os he llamado amigos, porque todo lo que oí de mi Padre os lo he hecho conocer» (Jn 15, 13-15).

Suspiro largamente y me centro por un instante en eso que acabo de escuchar. Recorro despacio cada una de sus palabras como silabeándolas, para comprender su significado y reflexionar sobre lo que me dicen a mí en este momento de mi vida. Pienso que este espacio de gran intimidad con Jesús es algo muy valioso, lleno de una prodigiosa oportunidad. Me parece que es la perfecta ocasión para abrirle mi corazón y decirle lo que pienso, siento y amo.

Por lo cual, este instante de gran intimidad y reflexión interior, es el fruto valioso de la oración. Un tiempo lleno de contenido y de profunda conexión con quien todo lo puede y todo lo sabe. Un tiempo necesario para hablar con Dios, sin prisas ni máscaras, sino con la certeza de saberme hijo suyo.

Este instante de gran intimidad y reflexión interior, es el fruto valioso de la oración

Padre y Maestro

Ese convencimiento de saber que Dios es un Padre misericordioso que espera a su hijo a lo largo de cada día, como en la parábola del *hijo pródigo*, me impulsa a hablarle y contarle mis batallas. Él lo ha visto y escuchado todo, y no se escandaliza de nada de lo que le contamos. Es uno mismo el que se agobia por esas situaciones que duelen, inquietan o conmueven.

Pero qué maravilloso es salir de esa oscuridad y encontrar la luz al final del túnel. Esa sensación no tiene precio. Da una gran paz saber que todo, en la medida que pongamos de nuestra parte, se puede superar agarrado de su mano y de su palabra. Como bien decía san Agustín: «Dios, que te creó sin ti, no te salvará sin ti», que es como un poderoso canto a la libertad de cada persona.

Al percibir sus inspiraciones, palabras y afectos, se activan los mimbres de nuestra voluntad personal y descubrimos gradualmente la senda de la felicidad. «La palabra de Jesús es para todos, pero actúa en cada uno de manera diferente» (León XIV, 2025). Por eso, es necesario apagar el ruido exterior y escuchar con atención todo aquello que nos quiera decir en lo profundo de nuestro ser. Su palabra es la de un padre, pero también la de un sabio maestro que nos conoce bien, nos quiere a tope y contempla nuestras particularidades.

En cada etapa de nuestra vida, necesitamos esa mirada apreciativa, perceptiva y sabia, que reconduzca nuestros pasos por el buen camino, aunque sea el más largo. Un padre y maestro así, nos enseña con audacia y pedagogía divina las acciones necesarias para enderezar la vida y sacar propósitos que alumbren la ruta.

Sus palabras resuenan en nuestra mente con una inmensa fuerza y nos sentimos en buenas manos. «¿No es mi palabra como el fuego –oráculo del Señor–, y como martillo que hace añicos la roca?» (Jer 23, 29). A tal grado que, a cada paso que damos, nos encomendamos a Él y queremos seguir escuchando su voz, para hilar fino en todo lo que nos proponemos vivir. En definitiva, queremos saborear sus enseñanzas y comprender mejor lo que nos quiere decir con su forma de hablarnos.

SEÑOR, EXPLÍCANOS LA PARÁBOLA

Al llegar a este punto de su predicación, Jesús habla del Reino de los Cielos a través de parábolas. Una tras otra, nos muestra el sentido sobrenatural de su infinita misericordia. «Cada parábola cuenta una historia tomada de la vida cotidiana, pero quiere decirnos algo más, nos remite a un significado más profundo. La parábola suscita en nosotros interrogantes, nos invita a no quedarnos en las apariencias» (León XIV, 2025).

Una de ellas es la parábola del «trigo y la cizaña», que habla de un hombre que sembró buena semilla en su campo, pero mientras dormía un enemigo sembró cizaña en medio del trigo, que al brotar y echar espiga apareció la mala hierba. A lo que los siervos del amo van a decirle: «Señor, ¿no sembraste buena semilla en tu campo? ¿Cómo es que tiene cizaña?» (Mt 13, 27). Y tras esas cuestiones, le sugieren arrancarla. Pero el amo se niega, porque no quiere dañar el trigo. En su lugar, ordena dejar que crezcan juntos hasta la siega, porque entonces dirá a sus segadores: «Arrancad primero la cizaña y atadla en gavillas para quemarla; el trigo, en cambio, almacenadlo en mi granero» (Mt 13, 30).

Y así como esa parábola, cuenta otras más que van en la misma línea. Pero después de haberle escuchado atentamente, queremos saber lo que nos ha querido decir con esa historia. Por eso, le decimos con total confianza: Señor, «explícanos la parábola de la cizaña del campo» (Mt 13, 36).

Él accede a la petición y nos la explica con lujo de detalle: «El que siembra la buena semilla es el Hijo del Hombre, el campo es el mundo; la buena semilla son los hijos del Reino; la cizaña son los hijos del Maligno. El enemigo que la sembró es el diablo; la siega es el fin del mundo; los segadores son los ángeles. Del mismo modo que se reúne la cizaña y se quema en el fuego, así será el fin del mundo. El Hijo del Hombre enviará a sus ángeles y apartarán de su Reino a todos los que causan escándalo y obran la maldad, y los arrojarán en el horno del fuego». Y concluye con un destello de esperanza: «Entonces los justos brillarán como el sol en el Reino de su Padre» (Mt 13, 37-43).

¡Qué maravillosa pedagogía contiene cada parábola de Jesús para explicar realidades de gran magnitud espiritual! Esta manera de hablar y enseñar nos hace comprender su mensaje de forma más clara, sencilla y directa. «Jesús es la Palabra, es la Semilla» (León XIV, 2025). Es una forma interesante para entenderle, darle sentido a lo que leemos o escuchamos, y convertirnos en protagonistas de primera línea de las historias que cuenta.

> ¡Qué maravillosa pedagogía contiene cada parábola de Jesús para explicar realidades de gran magnitud espiritual!

Por eso, en este libro tomo de referencia siete parábolas para hacer oración. No son las únicas ni la totalidad de las que existen en los evangelios. Pero estas que he incluido aquí, las he elegido para que nos ayuden a tener un espacio de diálogo con Jesús y sacar propósitos firmes a partir de nuestras circunstancias particulares.

En cierta forma, cada parábola es como una ventana que se abre por completo para percibir la naturaleza divina de Cristo y apreciar de cerca su humanidad en nuestra vida. Lo cual es un regalo para crecer en vida interior y darle un sentido a todo lo que hacemos.

Entonces, ¿qué novedad puede haber en un texto de este estilo? Pienso que el cielo es el límite, porque la palabra de Dios siempre es certera para abrir nuevos cauces a nuestros anhelos, proyectos e inspiraciones. «Es más cortante que una espada de doble filo: entra hasta la división del alma y del espíritu, de las articulaciones y de la médula, y descubre los sentimientos y pensamientos del corazón» (Hb 4, 12).

Sin embargo, nos pasamos la vida corriendo de un lado a otro en incesante actividad y habitualmente nos cuesta encontrar unos minutos para parar y hacer un momento de oración. Si ese es el caso, estas siete parábolas pueden ayudar a centrar nuestra atención en lo importante y dar una pausa a lo urgente. Estoy consciente que todo esfuerzo de recogimiento es un desafío grande para las personas, pero una vez se acallan las voces externas se abre paso a escuchar la prodigiosa voz de Dios que nos habla en lo profundo de nuestro interior.

Por lo cual, al hilo del índice de este libro, todas las referencias de los evangelios donde figuran estos cautivadores relatos que cuenta Jesús a sus discípulos han sido extraídas de la Biblia de Navarra (EUNSA, 2012). Asimismo, acudo a la opinión calificada de varios autores espirituales o contemporáneos, que destacan el valor de la oración y la relevancia de las parábolas para dar luz a nuestra vida de forma excepcional y memorable. Finalmente, en cada capítulo procuro incluir citas de libros, breves relatos y alguna escena de película en las que se ven reflejadas estas enseñanzas de modo singular.

Agradezco al equipo de EUNSA por todo el apoyo que me han brindado en este nuevo trabajo editorial y por su valiosa contribución profesional para enriquecer el contenido de este manuscrito. Aprecio su dedicación y esmero en todo lo que hacen.

Un agradecimiento especial a mi esposa e hijos, a los que dedico siempre el fruto de cada publicación, por su amor incondicional y los detalles tan especiales que me regalan cada día con su cercanía y forma de ser. ¡Los amo con todo mi corazón!

Raúl Alas Alas

II

7 parábolas para hacer oración

«Orar es hablar con Dios»
San Josemaría Escrivá

Es un anhelo natural del ser humano tratar de ser feliz, porque «toda pretensión humana es pretensión de felicidad» (Marías, 1987). Unos procuran lograrla a través de vivir diversas experiencias y sensaciones extraordinarias. Otros, la buscan en la normalidad de sus acciones cotidianas. Mientras que otros la visualizan como una aspiración o proyecto de largo plazo que siempre está por conquistar, pero que a medida que uno se acerca a su objetivo, parece resistirse, alejarse o cambiarse de ropaje.

De la felicidad se ha escrito de forma abundante en libros, novelas y ensayos. Desde los filósofos griegos de la antigüedad, pasando por muchos autores clásicos y santos de la Iglesia, hasta pensadores contemporáneos, todos se han aproximado a la felicidad desde diversos puntos de vista. Sin embargo, hasta ahora no hay un acuerdo unánime de lo que significa en sí misma y de cómo se consigue llegar a ella de forma concreta en la vida particular.

Lo que está claro es que nadie, en su sano juicio, quiere ser infeliz de forma voluntaria. Lo natural es querer ser felices, porque estamos en esta vida para saborearla y disfrutar de sus posibilidades. De hecho, lo normal es apreciarla como un conjunto de vivencias y detalles que colman de sentido nuestros días. «Cuanto más avanzo por la vida más me convenzo de que la felicidad de los humanos está compuesta, más que por grandes golpes de alegría, por pequeños gestos o detalles de amor o de belleza bien saboreados» (Martín Descalzo, 1999).

> Lo natural es querer ser felices,
> porque estamos en esta vida para saborearla
> y disfrutar de sus posibilidades

Es vivir la felicidad de las pequeñas cosas. Es decir, esos pequeños gestos de amor incondicional, que están repletos de enorme significado para quien los da, pero especialmente para quien los recibe y los goza. «Todo verdadero amante sabe que lo mejor de su historia de amor fueron siempre, precisamente, esas pequeñas cosas "intrascendentes" que habrían pasado inadvertidas para quienes no supieron preparar su paladar: aquella sonrisa, aquel tono de voz con la que se dijeron aquella tarde las palabras de siempre, aquel apretón de manos…, es decir, todas esas cosas fundamentalísimas que la mayoría acaba dejando de hacer como secundarias, pero que son el mejor jugo de la vida humana» (*Ibídem*).

La felicidad también se percibe como un deseo de lograr satisfacciones o, por el contrario, como un itinerario hacia la virtud. Por ello, se presenta como una moneda de dos caras, como dos polos opuestos: «La felicidad por el deseo, el placer, el bienestar, el nivel de vida, por una parte. Y por otra, la felicidad por la renuncia, por la ascética, por la austeridad… Lo he dicho antes: *felicidad por la suma*, hoy en auge en esta sociedad de consumo y centrada en lo material; y *la felicidad por la resta*, hoy muy escasa por la pérdida de una espiritualidad profunda de corte judeocristiano» (Rojas, 2020).

En este sentido, advertirla como una forma de realización plena es disfrutarla como una vida lograda: «Felicidad es armonía, buen equilibrio, razones y sentimientos entre ideales y resultados, objetivos y logros» (*Ibídem*). Por eso, me gusta mucho lo que apunta este autor cuando dice que la felicidad es una tetralogía de elementos que la convierten en un proyecto de vida coherente y realista: «*amor, trabajo, cultura y amistad*», a la que luego le añade un elemento más: «*aficiones*». Porque a su modo de ver no hay felicidad sin *amor*; sin un *trabajo* que agrade y que saque lo mejor de uno mismo; de una *cultura* que nutra el criterio, para tener respuesta a las grandes preguntas de la existencia; de contar con *amistades*, cuya afinidad y confiada cercanía son necesarias para vivir, y de esta forma disponer de compañía y ayuda en cualquier ocasión y circunstancia (Cfr. *Ibídem*). Y por ello, es importante contar con *aficiones*, que nos permitan disfrutar del tiempo presente y de la belleza de la creación.

El problema es que habitualmente los seres humanos nos resistimos a disfrutar de las diversas satisfacciones del presente. En su lugar, vivimos como rehenes del pasado o inquietos por la incertidumbre del futuro. Por lo cual, renunciamos a la felicidad del *aquí y ahora* por permanecer reviviendo el dolor de viejas heridas o preocupados por una variedad de temores que anticipamos del mañana.

> El problema es que habitualmente los seres humanos nos resistimos a disfrutar de las diversas satisfacciones del presente

Esto mismo lo decía Blaise Pascal en el siglo XVII, cuando subrayaba dos factores que impiden la felicidad: *la imaginación y el futuro*. Porque los dos generan expectativas negativas. La imaginación desata un mundo de ideas en la cabeza que a menudo nos hacen cargar las tintas de sucesos negativos, tristes y dolorosos. Mientras que el futuro abre la puerta a riesgos, dudas e inquietudes, así como a peligros potenciales que nos provocan inseguridad y ansiedad. «Examine cada cual sus pensamientos, y los encontrará completamente ocupados en el pasado y en el porvenir. Apenas pensamos en el presente; y si pensamos en él, no es sino para pedirle luz para disponer del porvenir. El presente jamás es nuestro fin: el pasado y el presente son nuestros medios, sólo el porvenir es nuestro fin. Así, jamás viviremos, sino esperamos vivir» (Pascal, 1940).

Por lo mismo, la felicidad no debería estar situada únicamente en superar las heridas del pasado o en una mera expectativa favorable del futuro, sino en una decisión actual que me permita disfrutar *aquí y ahora* de las posibilidades del presente. ¿Cómo? Teniendo claro que el tiempo es oro y sabiendo aprovechar las ocasiones que se presentan para sacarle el máximo partido a mi realidad actual. Sin perder de vista la ilusión de un porvenir fabuloso que está aún por hacerse presente, pues somos cada uno de nosotros los artífices de su realización. Como decía Ortega y Gasset, «no somos un participio, sino que somos un gerundio. No estamos hechos del todo, sino que poco a poco nos vamos haciendo».

> «No somos un participio, sino que somos un gerundio. No estamos hechos del todo, sino que poco a poco nos vamos haciendo»

Sin embargo, a tenor de lo que uno percibe en su entorno inmediato, la felicidad parece algo tan pasajero y fugaz, que en un abrir y cerrar de ojos se nos va de las manos. En parte, porque no apreciamos con gratitud lo que somos y hemos conseguido. Por otra, porque muchas de las decisiones que tomamos, de forma inmediata y sin pensarlas bien, nos impiden vivirla de forma plena y libre. «La persona libre no es la que vive de acuerdo con sus emociones, sino de acuerdo con sus elecciones. A pesar de que tengo miedo, voy a hacer esto. Que a veces las emociones que tenemos son emociones muy agradables: el amor, la ilusión, el entusiasmo, la confianza. Y otras veces, son emociones duras: como la frustración, la sensación de impotencia, la sensación de desesperanza. Y que forman parte de la naturaleza humana» (Puig, 2023).

En realidad, nos pasamos el tiempo queriendo controlar las variables externas que nos rodean, que olvidamos gestionar las internas que están a nuestro cargo, y esto nos hace vivir en un estado de frustración e insatisfacción constante. Lo cual nos hace infelices y aleja gradualmente de Dios, porque pretendemos ocupar su lugar y dejamos de acudir a Él.

A tal grado que buscamos lograr todo lo que deseamos como si solo dependiera de nuestras propias fuerzas. Cuando sabemos por fe que todo lo que nos rodea está conectado por su gracia y Providencia divina. «La oración nos hace anticipar el Cielo. Nos hace entrever y saborear una felicidad que no es de este mundo, que nada nos la puede ofrecer aquí abajo: la felicidad en Dios a la que estamos destinados, para la que fuimos creados» (Philippe, 2014).

Orar es hablar con Dios

La oración es un medio poderoso para estar en comunicación con Dios. No hay una formula única para hacerla, pero si una condición necesaria: tener la disposición sincera y profunda de nuestro corazón hacia Él. «Aunque no sintamos nada especial, aunque la imaginación y la inteligencia estén vacías o un poco distraídas, desde el momento en que nos ponemos en presencia de Dios con estas disposiciones en el corazón, a veces reducidas a una sola y simple actitud de confianza amorosa, nuestra oración será fecunda» (*Ibídem*).

Ese gesto de apertura y conexión da pie para iniciar la oración. La clave es destinar un tiempo y lugar cada día para entablar este espacio de comunicación con Dios. Las intenciones pueden ser pocas o muchas, pero los medios deben tenerse a la mano para dedicar la mejor atención a este momento especial: un texto de la Escritura, un libro de meditaciones, una frase inspiradora, una jaculatoria, un punto de lucha interior, una oración vocal, un silencio profundo, una actitud dispuesta a la contemplación, un caudal de lágrimas o el relato de un episodio divertido para compartirlo con Jesús.

La clave es destinar un tiempo y lugar cada día para entablar este espacio de comunicación con Dios

Lo cierto es que la oración es un tiempo valioso que hay que defender y cuidar en nuestra agenda diaria. Las ocupaciones profesionales, los compromisos personales y los imprevistos de cada jornada, ponen a prueba nuestra capacidad de mantener la frecuencia de ese diálogo con Dios. Por lo habitual, cuando a uno mejor le va en la vida la oración se va arrinconando en la lista de prioridades. Sin embargo, cuando surgen las adversidades, las inquietudes por una noticia inesperada o las caídas que nos hacen sucumbir a alguna tentación, resulta más factible que nos volvamos hacia Dios y nos encomendemos a su ayuda.

Los momentos de prueba no piden permiso para entrar en nuestra vida. Se nos presentan de forma inopinada y, en un instante de fragilidad, desestabilizan nuestros cimientos morales y espirituales. En un descuido repentino, salen a luz nuestras miserias y debilidades, y nos convertimos en rehenes de las decisiones que hemos tomado. ¿Cómo enderezar el rumbo? ¿Qué ruta de acción tomar cuando nuestra alma va a la deriva y se encamina al precipicio? Lo mejor es volver a la fuente cristalina del amor y buscar el rostro de Cristo en la oración. «Buscaré, Señor, tu rostro» (Sal 26, 8).

Cuando encontramos ese caudal inmenso de luz, nos llenamos de gozo y buscamos la dicha de su misericordia en el sacramento de la Reconciliación. Después de habernos alejado y haberle dado la espalda, volvemos a Él, que nos está esperando con los brazos abiertos de Padre. Ese regreso no es repentino, sino un fruto de la oración, que nos lleva a anhelar esa paz del perdón y a saborear su amistad infinita. La oración nos convierte en amigos de Dios, a tal grado que nos permite entrar en su intimidad y palpar su misericordia, que hace que habitemos en su corazón y Él en el nuestro.

> La oración nos convierte en amigos de Dios, a tal grado que nos permite entrar en su intimidad y palpar su misericordia

---

UN ITINERARIO PARA HACER ORACIÓN

En este libro quiero privilegiar el valor de la oración en nuestra vida. Convertir esos momentos de intimidad con Dios en espacios de quietud y paz en la jornada. Aunque tengamos un sinfín de cosas por hacer o muchas ideas bullendo en la cabeza, lo importante es mantener encendida su presencia en nuestro interior a lo largo del día. Lo ideal es dedicarle una prioridad en la atención de cada instante, para que todo esté impregnado de su presencia.

Todo lo que ayude a hilar fino en ese objetivo de estar centrado en su amor, nos garantiza un marco coherente de pensamientos, sentimientos, opiniones, decisiones y comportamientos. Lo cual permite establecer una sana jerarquía de principios e ideas, para funcionar bien en cualquier entorno en el que estemos. Es decir, precisamos disponer de una forma de ser, que nos mantenga centrados en lo importante y custodiando nuestra unidad de vida.

Nadie da lo que no tiene, así que todo esfuerzo para nutrir el espíritu y fortalecer nuestra vida de oración, es una ganancia necesaria en el camino hacia esa amistad con Dios. Por lo cual, hay rutas o itinerarios ideales que pueden llevarnos a contemplar mejor su rostro, pues Jesús nos ha dicho de sí mismo que es: «el Camino, la Verdad y la Vida» (Jn 14, 6).

Pienso que uno de esos itinerarios para encontrarnos cara a cara con Cristo son las parábolas que el mismo nos relata en los evangelios. El valor que tienen estas narraciones cortas, simbólicas y llenas de enseñanzas, es la riqueza de los personajes y las situaciones realistas que enfrentan, de las que derivan numerosos aprendizajes y reflexiones.

En principio, una parábola es un relato breve, que utiliza lenguaje metafórico para ilustrar lo que describe, cuyo énfasis está centrado en el comportamiento de los personajes en su realidad particular, y de cuyos actos humanos se desprende una enseñanza moral, ética o espiritual.

Su estructura la compone una *situación inicial*, que presenta el escenario y los personajes de la parábola; la *situación intermedia* o nudo, presenta la complicación o conflicto que enfrentan los protagonistas; y la *situación final* o desenlace, explica los resultados del conflicto, así como las consecuencias positivas o negativas de la decisión asumida por el personaje principal, y concluye con la enseñanza moral que deriva de la situación relatada.

¿Cuál es la maravilla de la estructura narrativa de una parábola? Que es sumamente funcional para seguir el hilo narrativo, similar al de un cuento, anécdota o historia corta, pero con la diferencia que la parábola es un relato figurado o simbólico basado en una observación verosímil de la realidad de la que se extraen lecciones de vida.

COMO LA VIDA MISMA

¿Y acaso no es la misma estructura que forma parte en cualquier realidad humana? Si lo pensamos bien, el relato de una parábola es comparable, incluso en el marco del lenguaje metafórico que utiliza, al ciclo lógico de *inicio*, *intermedio* y *final* que tienen las diversas experiencias que enfrentamos en nuestra vida.

Cuando surge una situación personal, todo es novedad, oportunidad y expectativa. Puede ser un comienzo prometedor que nos hace ilusión experimentar o una circunstancia ambigua que nos genera inquietud e incertidumbre. En este primer momento, las posibilidades se abren en abanico y sentimos el desafío de acertar con la mejor respuesta. Todas las opciones se presentan ante nuestros ojos y buscamos los medios para gestionar información que nos de luces para dar en el blanco.

Una vez emprendemos la marcha, suelen aparecer algunos imprevistos, obstáculos y dificultades en la ruta, que se deben sortear para seguir adelante y no perder de vista la meta. A veces, este punto intermedio de cada situación nos expone a la complicación del momento, que nos lleva a hacernos las preguntas decisivas para resolver bien el reto o termina por frenar nuestra marcha. Muchos fallamos en este punto, porque no cuestionamos las decisiones que tomamos ni nos planteamos las premisas correctas para darle un sentido a la situación.

¡Cuántos casos en la historia del deporte han presentado esta experiencia de enfrentar dificultades en apariencia insalvables! Quizás recuerdes la historia de *Sifan Hassan* en los Juegos Olímpicos de Tokio 2020. Esta atleta holandesa corría la última carrera para clasificar a la final de los 1.500 metros, cuando a solo 400 metros de la meta se tropezó con otra atleta que había caído al suelo y rodó por la pista aparatosamente. En ese momento todo esfuerzo parecía cuesta arriba.

Sin embargo, se levantó rápidamente y emprendió desde el último lugar una remontada espectacular, para superar a todas sus rivales y acabar la carrera en primer lugar. Pero su hazaña deportiva no terminó ahí. En la noche de ese mismo día, volvió a competir, esta vez en la final de los 5 mil metros, en la que corrió a un ritmo prodigioso ante sus rivales y se llevó la medalla de oro. Gran victoria que le hizo merecedora de reconocimiento público y ser la protagonista de una gesta épica en la historia del atletismo mundial.

Llegar a la meta supone haber tenido determinación para encontrar la salida a las dificultades iniciales o intermedias, y haber formulado las preguntas y decisiones oportunas que alumbraron el resto del camino. El desenlace de un relato personal memorable, es fruto de haber recorrido el trayecto y haber aprendido cosas que solo las adquieren los que saben elegir los fines y medios eficaces para cumplir sus más profundos anhelos.

Las lecciones aprendidas tras una prueba, derrota o adversidad, son superiores a las que nos aporta la victoria o el triunfo sin resistencias ni dificultades. Esa experiencia de haber enfrentado con espíritu deportivo cada desafío de la vida, nos vuelve recios y resilientes a la contradicción o el cansancio. Es haber vivido la experiencia del dolor y superado las dudas y caídas a lo largo del proceso. «El dolor nos hace más prudentes, nos ayuda a enreciarnos, nos anima a enfrentarnos a la vida con más decisión y fortaleza, nos obliga a ganar en paciencia, nos lleva a madurar humanamente» (Ordeig, 2015).

> Las lecciones aprendidas tras una prueba, derrota o adversidad, son superiores a las que nos aporta la victoria o el triunfo sin resistencias ni dificultades

UN MAPA DE RUTA

Por eso, una forma que puede ayudarnos a seguir el hilo de este itinerario vital que nos propone Jesús en sus parábolas, es apoyarnos en un planteamiento amplio que sirva de mapa de ruta para ir desgranando estas enseñanzas para nuestra vida. En concreto, lo he encontrado en un punto del libro de *Camino*, escrito por san Josemaría Escrivá, en el que nos propone una forma de darle un sentido humano a nuestra oración:

«Me has escrito: "orar es hablar con Dios. Pero, ¿de qué?" –¿De qué? De Él, de ti: alegrías, tristezas, éxitos y fracasos, ambiciones nobles, preocupaciones diarias..., ¡flaquezas!: y hacimientos de gracias y peticiones: y Amor y desagravio. En dos palabras: conocerle y conocerte: "¡tratarse!"» (Escrivá, 1998).

En efecto, lo que este santo nos propone es una lista detallada de varias circunstancias que nos hacen hablar con Dios: alegrías, tristezas, éxitos y fracasos... y varias situaciones que forman parte de nuestra realidad cotidiana. Pero que se resumen en dos palabras: conocerle y conocerte.

A partir de aquí, el ejercicio que realizaremos en este libro, será seguir ese mapa de ruta trazado en dicho texto bajo la luz de la cautivadora palabra de Jesús. Por lo cual, en cada capítulo tomaremos de base una parábola que guarde relación con una circunstancia o situación particular que puede impactar nuestra vida, y aplicaremos un breve análisis de su estructura narrativa, a través de su *situación inicial, intermedia* y *final.*

El fruto de esta reflexión, permitirá encontrarle un sentido de propósito a esas situaciones y poner en las manos de Dios lo que convenga a cada uno según su propia realidad.

Por lo cual, en el primer capítulo hablaremos de *Él*, de la infinita misericordia de Dios; y también, *de ti y de mí,* que siempre necesitamos de su amorosa mirada de padre.

Ven conmigo y recorramos juntos este camino de oración a través de estas 7 parábolas que nos comparte Jesús en los evangelios.

¡Te invito a ser cautivado por Su Palabra!

1
«De Él, de ti»
(La parábola del *hijo pródigo*)

«Y levantándose se puso en camino
hacia la casa de su padre»
(Lucas 15, 20)

Iniciamos este itinerario de oración con la conocida parábola del *hijo pródigo*, que también podría llamarse la parábola del *padre misericordioso* o la del *hermano resentido*, cuyo hilo conductor es el proceso de conversión del protagonista y su humilde disposición de rectificar para volver a la casa paterna:

–*Un hombre tenía dos hijos. El más joven de ellos le dijo a su padre: «Padre, dame la parte de la hacienda que me corresponde». Y les repartió los bienes. No muchos días después, el hijo más joven lo recogió todo, se fue a un país lejano y malgastó allí su fortuna viviendo lujuriosamente. Después de gastarlo todo, hubo una gran hambre en aquella región y él empezó a pasar necesidad. Fue y*

se puso a servir a un hombre de aquella región, el cual lo
mandó a sus tierras a guardar cerdos; le entraban ganas
de saciarse con las algarrobas que comían los cerdos, y
nadie se las daba.

Recapacitando, se dijo: «¡Cuántos jornaleros de mi
padre tienen pan abundante mientras yo aquí me mue-
ro de hambre! Me levantaré e iré a mi padre y le diré:
"Padre, he pecado contra el cielo y contra ti; ya no soy
digno de ser llamado hijo tuyo; trátame como a uno de tus
jornaleros"». Y levantándose se puso en camino hacia la
casa de su padre.

Cuando aún estaba lejos, le vio su padre y se com-
padeció. Y corriendo a su encuentro, se le echó al cuello
y le cubrió de besos. Comenzó a decirle el hijo: «Padre,
he pecado contra el cielo y contra ti; ya no soy digno de
ser llamado hijo tuyo». Pero el padre les dijo a sus sier-
vos: «Pronto, sacad el mejor traje y vestidle; ponedle un
anillo en la mano y sandalias en los pies; traed el ternero
cebado y matadlo, y vamos a celebrarlo con un banquete;
porque este hijo mío estaba muerto y ha vuelto a la vida,
estaba perdido y ha sido encontrado». Y se pusieron a
celebrarlo.

El hijo mayor estaba en el campo; al volver y acer-
carse a casa oyó la música y los cantos y, llamando a
uno de los siervos, le preguntó qué pasaba. Éste le dijo:
«Ha llegado tu hermano, y tu padre ha matado el ter-
nero cebado por haberle recobrado sano». Se indignó y
no quería entrar, pero su padre salió a convencerle. Él

replicó a su padre: «Mira cuántos años hace que te sirvo sin desobedecer ninguna orden tuya, y nunca me has dado ni un cabrito para divertirme con mis amigos. Pero en cuanto ha venido ese hijo tuyo que devoró tu fortuna con meretrices, has hecho matar para él el ternero cebado». Pero él respondió: «Hijo, tú siempre estás conmigo, y todo lo mío es tuyo; pero había que celebrarlo y alegrarse, porque ese hermano tuyo estaba muerto y ha vuelto a la vida, estaba perdido y ha sido encontrado» (Lc 15, 11-32).

VOLVER A LA CASA PATERNA

Esta parábola es una de las más entrañables que nos cuenta Jesús en los evangelios. Su relato está cargado de varios componentes y valiosas enseñanzas. Toda ella fluye a través de sus personajes principales: un padre y sus dos hijos, y una serie de acciones que cuentan el viaje desenfrenado del protagonista hacia un lugar oscuro, bajo e indigno. Pero del que saldrá adelante con mucha humildad y determinación.

Todo comienza cuando el hijo menor le pide a su padre su parte de herencia. Al recibirla, el muchacho deja la casa paterna y se va a experimentar su repentina independencia. Al marchar vive una vida disoluta, en apariencia libre, llena de placeres y excesos, hasta agotar la herencia, pasar hambre y sufrir otras limitaciones. Las carencias de medios le obligan a trabajar en algo impropio de su formación y cultura: guardar cerdos.

Esta debacle que vive le lleva a tocar fondo y darse cuenta del fango en el que ha caído. Es una sensación de vacío interior que le hace percibir su propia indigencia y finitud. «De repente, vio con toda claridad el camino que había elegido y a dónde le había conducido; comprendió que había tomado una opción de muerte; y supo que un paso más en aquella dirección le llevaría a la autodestrucción» (Nouwen, 2005).

> Esta debacle que vive le lleva a tocar fondo y darse cuenta del fango en el que ha caído

A partir de aquí, el protagonista inicia un camino de conversión personal, que le hace reconocer su error de haber abandonado el espacio seguro de la casa paterna, donde abunda lo que él ahora tanto echa en falta: el alimento y, en especial, el trato digno como persona. Una dignidad que él siente haber perdido y de la que incluso gozan los jornaleros de su padre. Esta conversión nace de una profunda reflexión interior que le mueve a recapacitar, recuperar el control de su vida y emprender el regreso a la casa paterna.

Al verlo en la distancia, su padre corre a su encuentro y le recibe con inmensas muestras de cariño, así como con gran alegría por tenerle de vuelta. El hijo le pide perdón con actitud de sincero arrepentimiento: *«Padre, he pecado contra el cielo y contra ti; ya no soy digno de ser llamado hijo tuyo»* (Lc, 15, 18-19). En respuesta, el padre le acoge nuevamente con generosidad y le restablece la dignidad de hijo con los elementos simbólicos del traje, el anillo y las sandalias.

Y todavía más, ordena celebrar su feliz regreso con un banquete. En su corazón de padre, este hijo suyo estaba muerto y ha vuelto a la vida, *«estaba perdido y ha sido encontrado»* (Lc 15, 32). «Sólo el corazón de Cristo, que conoce las profundidades del amor de su Padre, pudo revelarnos el abismo de su misericordia de una manera tan llena de simplicidad y de belleza» (CIC, 1992).

En este punto entra en escena su hijo mayor, hombre obediente y cumplidor, que advierte la algarabía de la fiesta y se entera del regreso de su hermano: el hijo pródigo que ha dilapidado la fortuna de su padre de mala manera y que en honor a su regreso le han preparado una gran fiesta con el ternero cebado. En el fondo, el hermano mayor resiente ese trato que recibe su hermano díscolo y le reclama a su padre no haber gozado de ningún placer que él presume merecer, por haberse quedado siempre en casa y obedecerle en todo: «Mira cuántos años hace que te sirvo sin desobedecer ninguna orden tuya, y nunca me has dado ni un cabrito para divertirme con mis amigos» (Lc 15, 29).

A lo largo de la parábola se aprecian actitudes distintas de cada uno de los personajes: la del *hijo pródigo* que vuelve a casa arrepentido por lo que hizo con la fortuna echada a perder, la del *padre misericordioso* que recibe a su hijo con cariño y generosidad a pesar de sus errores y fracasos, y la del *hermano resentido* que no concibe ese trato generoso de su padre hacia su hermano menor, y sobre quien no expresa ninguna simpatía por su regreso.

¿No es acaso la misma sensación que tenemos cuando nos percatamos de nuestros errores y conductas indebidas de hijo, que nos mueve a reconciliarnos con nuestro Padre Dios en la confesión? Efectivamente, pero además se experimenta el gozo inmenso del perdón que Él nos da, que borra nuestra culpa, nos vuelve a vestir con las vestiduras resplandecientes de su gracia y hasta hace fiesta por habernos recuperado. Todo lo cual, supera con creces las críticas y recelos de quienes juzgan y condenan nuestro comportamiento irresponsable.

¡Es sentir la dicha de ser perdonado una y otra vez! A pesar de ser reincidente y no aprender de los errores, que me alejan de Dios cada dos por tres. «Soy el hijo pródigo cada vez que busco el amor incondicional donde no puede hallarse. ¿Por qué sigo ignorando el lugar del amor verdadero y me empeño en buscarlo en otra parte? ¿Por qué sigo marchándome del hogar donde soy tratado como un hijo de Dios, el amado de mi Padre?» (Nouwen, 2005).

> ¡Es sentir la dicha de ser perdonado una y otra vez! A pesar de ser reincidente y no aprender de los errores, que me alejan de Dios

LA HUMILDAD DE RECTIFICAR LA INTENCIÓN

Qué aprendizaje se puede obtener de esta parábola tan rica en contenido y profundidad, y de la que tantos han escrito a lo largo de los siglos: *la humildad de rectificar la intención*.

Como hemos podido leer a lo largo del relato, *el hijo pródigo* demuestra una intención de vivir una vida libre de ataduras y compromisos. Esto le lleva a experimentar una serie de despropósitos y excesos, que le hacen perder todos sus bienes y alejarse cada vez más de la casa paterna. Pero al darse cuenta de la gravedad de su error, rectifica la intención y decide volver a casa. «En un momento tan crítico, ¿qué fue lo que hizo optar por la vida? Sin duda, el redescubrimiento de su yo más profundo» (*Ibídem*).

Esto requiere muchísima humildad, porque al traspasar los límites de su dignidad personal, el ser humano está como «embrutecido» por sus actos y malas decisiones, y en consecuencia, enemistado voluntariamente con Dios. A medida que tomamos caminos inadecuados y optamos por vivir más allá de los márgenes de la prudencia, nos alejamos de su presencia habitual.

¿Cómo se puede rectificar la intención después de haberse equivocado de ruta tan peligrosamente? Reconociendo que estamos extraviados y dando pasos acertados para enmendar el rumbo. Sin desesperar ni perder la paz, porque el camino de regreso requiere claridad, mucha humildad y buena voluntad. «Constantes, alegres, rectificando cada día un poco, como hacen los barcos en alta mar, para llegar a puerto. Los santos han sido como nosotros: han tenido buena voluntad y la sinceridad de rectificar, en su vida interior, en su lucha» (Escrivá, 2020).

Rectificar y pedir perdón es una decisión extraordinaria, que nos hace reconocer cuando hemos fallado, levantarnos tras la caída y buscar la mirada de aprecio de Dios, que con inmensa sabiduría nos manifiesta su pedagogía divina. «Que no es una humillación rectificar: es un acto lleno de rectitud, que está dentro de aquella pedagogía sobrenatural» (*Ibídem*).

Pedagogía que se fundamenta en una confianza absoluta en Dios y en una franca determinación personal para enmendar esa decisión equivocada. Pues como bien se dice: «Si no eres tú, ¿quién?; si no es ahora, ¿cuándo?; si no es aquí, ¿dónde?». Porque a la hora de rectificar, cada uno es el protagonista de sus propios actos y conductas. Y a partir de aquí, se emprende el camino a casa, para situarnos cara a cara con quien nos ama y nos espera con los brazos abiertos.

> «Si no eres tú, ¿quién?; si no es ahora,
> ¿cuándo?; si no es aquí, ¿dónde?»

UN ENCUENTRO CARA A CARA

Lo importante es querer volver a casa y recuperar la dignidad de hijo, para gozar de las ventajas de estar siempre en la presencia de nuestro Padre. «Él nos ama tal como somos, con un amor absolutamente incondicional, y es ese amor lo que nos constituye en nuestra identidad más profunda» (Philippe, 2014). A su lado, nuestra identidad se fortalece y adquirimos herramientas para acertar mejor con nuestras intuiciones, inspiraciones y verdaderos valores. Lo cual nos lleva a anhelar su cariñosa mirada de Padre.

Ese afán de buscar el rostro amoroso de Jesús después de habernos alejado de Él, es una actitud indispensable para recuperar la gracia perdida y recobrar la paz en nuestro corazón. Porque como bien dice el santo de Hipona: «Nos hiciste, Señor, para Ti; y nuestro corazón está inquieto hasta que descanse en Ti» (San Agustín, 2011).

Toda búsqueda comienza con una llamada en el interior de la persona, que se siente atraída por esa voz profunda que resuena en su pecho. Una voz que llama a cada uno por su nombre, por nuestro nombre, y nos invita a

mirarle cara a cara. El ser humano busca en su interior a
Dios, pero lo cierto es que Dios es quien toma la iniciativa
y con más asiduidad.

Él nos espera con los brazos abiertos. No importa lo
que hayamos hecho. Su disposición es plena y está atento
a nuestros pasos. Nos espera con una paciencia infinita,
sin forzar nuestra libertad, porque nos ama tal cual somos
y a la hora que nosotros queramos aceptar su misericordia.
«Fue precisamente el amor lo que impidió que retuviera a
su hijo a toda costa. Fue el amor lo que le permitió dejar a
su hijo que encontrara su propia vida, incluso a riesgo de
perderla» (Nouwen, 2005).

> Él nos espera con los brazos abiertos.
> No importa lo que hayamos hecho

Y al encontramos cara a cara frente a Él, le decimos
sin dilación eso que hemos madurado en nuestro corazón:
«Padre, he pecado contra el cielo y contra ti; ya no soy
digno de ser llamado hijo tuyo». Perdóname por haberte
ofendido, por haberme alejado de tu presencia y dado la
espalda, cuando tú siempre me has concedido mi parte
de herencia y preservado intacto tu amor. «Dios nunca ha
retirado sus manos, nunca ha negado su bendición, jamás
dejó de considerar a su hijo el Amado» (*Ibídem*).

GRACIAS, PERDÓN, AYÚDAME MÁS

La historia demuestra que el ser humano raras veces está conforme con lo que tiene o con lo que vive, y busca todo tipo de escapes para ir tras el sueño de una felicidad a su gusto y manera. De esa cuenta, la persona que se va llenando de *insatisfacciones vitales* se rehúsa a permanecer en su sitio y persigue todo aquello que le ofrece una promesa de gratificaciones, ocio y placeres. En este caso, lo normal y lógico es que siempre busque ser exitoso, saludable, lleno de experiencias positivas, sin enfrentar ningún sobresalto o contrariedad. Porque lo que apetece es gozar de la vida sin ningún impedimento.

No digo que todas las personas sean iguales, pero hay muchas que reniegan de sus orígenes, de la realidad material que las limita, de las circunstancias familiares que las rodean y de todo aquello que restringe la libertad de elegir que tanto ansían, entre tantas cosas más, por lograr este anhelo de una vida centrada en la diversión y el confort.

Los dos hijos de la parábola anhelan ser libres a su modo. El hijo menor, ansía una libertad sin restricciones ni limitaciones materiales, donde pueda elegir lo que le apetezca y plazca, es decir una «libertad de» escoger entre diversas opciones. Mientras que el hijo mayor, ha elegido vivir una conducta basada en restricciones, en el cumplimiento rígido de las normas, en obedecer porque sí, sin cuestionar el *statu quo*.

> Los dos hijos de la parábola
> anhelan ser libres a su modo

Pero ninguno de los dos es feliz con esta aparente libertad basada en opciones y limitaciones autoimpuestas, que en lugar de liberarles les esclavizan. Porque la libertad bien entendida es «la autodeterminación al bien», es decir, una «libertad para» hacer lo que conviene y no solo lo que apetece. «Ganamos en libertad cada vez que, frente a un conflicto entre el corazón y la razón, entre lo que es atractivo pero no conveniente y nuestras convicciones, ponemos en primer lugar la razón: por algo somos seres racionales» (Chinchilla y Moragas, 2009).

Buscar la superación personal y encontrar la ruta del éxito para prosperar es algo deseable y absolutamente legítimo. Lo cuestionable es convertir el medio en fin, y afanarse tanto por vivir una vida que persigue el placer o una «ilusión de libertad» a cualquier precio, sin importar a quiénes o a cuántos lastimo.

Por eso, cuánto bien hace en este momento de oración personal pedirle a Dios su gracia para ser humildes y tener un corazón agradecido por todo lo que nos perdona y ayuda cada día.

Primero quiero darte las gracias por permitirme ejercitar mi libertad, aunque no siempre la sepa usar bien.

Pero ante todo: ¡Gracias Dios mío por tenerme siempre en tu mente y corazón! ¡Gracias por querer lo mejor para mi vida! ¡Gracias por estar siempre pendiente de mi regreso a casa! ¡Gracias por tu misericordia infinita y por tanto bien que me concedes cuando busco tu presencia!

También quiero pedirte perdón por no haber sido un buen hijo y haberme gastado en tonterías mi parte de la herencia. Por ser como soy, te digo sinceramente: ¡Perdóname por mis faltas y equivocaciones! ¡Perdóname por ser tan tozudo y querer fiarme solo de mis propias fuerzas! ¡Perdóname por apartarme de ti y actuar por debajo de mi dignidad de hijo!

Te pido ayuda para saber enmendar mis errores y rectificar siempre la intención: ¡Ayúdame cada día a ser una mejor persona! ¡Ayúdame a encontrar el camino de regreso a casa! ¡Ayúdame a recuperar las fuerzas que me permitan tener valentía en la adversidad y templanza en la abundancia!

TE MUESTRO MI CORAZÓN

Al llegar al final de este primer capítulo y haber recorrido este primer paso en nuestro camino de oración, conviene considerar el enorme valor de la vocación personal. Porque toda vocación es vocación de servicio. De darse a los demás. De convertir nuestra vida en un instrumento de bien para los demás.

Cuando funcionamos de esa forma, multiplicamos las posibilidades de los talentos que cada uno dispone, porque ya no estamos centrados solo en nuestras circunstancias, aspiraciones y necesidades, sino en abrirnos en abanico hacia las personas que nos rodean. Dios premia con creces esta generosidad, con una humildad llena de gozo y paz. Es el triunfo de la sensatez y humildad sobre los caprichos y rebeldías personales.

Y, también, es el triunfo de la magnanimidad, ese ánimo grande y generoso, que nos hace capaces de grandes empresas y nos dota con la llama luminosa de la entrega a los demás. Porque como bien dice Havard, «solo se puede hacer el bien con un corazón puro, una inteligencia iluminada y una voluntad fuerte» (Havard, 2019).

No cabe duda de que en muchos pasajes de nuestra propia vida interpretamos los diversos roles de esta parábola. Unas veces el mundo nos tira para abajo y actuamos como el hijo menor. Otras veces, nos llenamos de rencores y resentimientos en la convivencia humana, que nos hacen sentir como el hijo mayor. Pero, en realidad, la mejor parte es cuando actuamos con madurez, serenidad e inmensa sabiduría como el padre misericordioso. «Tanto si eres el hijo mayor como si eres el hijo menor, debes caer en la cuenta de que a lo que estás llamado es a ser el padre» (Nouwen, 2005).

> No cabe duda de que en muchos pasajes
> de nuestra propia vida interpretamos los
> diversos roles de esta parábola

Al respecto, me viene a la mente ese cuadro maravilloso que pintó Rembrandt *El regreso del hijo pródigo*, en cuya imagen sobresalen los principales personajes de la parábola: el padre, el hijo pródigo, el hermano mayor y dos siervos. Entre todos, sobresalen el anciano padre, vestido con un manto rojo, y el hijo menor, cuya figura es la de un joven demacrado, calvo, sucio y en harapos. La mirada del padre es de una gran compasión y sus manos estrechan a su hijo arrodillado hacia su pecho con actitud bondadosa y llena de un profundo afecto.

En un libro de meditaciones sobre este famoso cuadro, su autor ve reflejada su vida en la maravillosa escena del reencuentro, en la que hace un paralelismo de su propia realidad humana: «Mirando al anciano vestido con aquel manto, sentía una profunda resistencia a pensar en mí de aquella forma. Me identificaba más con el joven derrochador o con el rencoroso hijo mayor. Pero la idea de ser como aquel anciano que no tenía nada que perder porque ya lo había perdido todo y sólo le quedaba dar, me abrumaba» (*Ibídem*).

En este sentido, la parábola del hijo pródigo expresa el inmenso amor de Dios como ningún otro relato del

Evangelio. Al situarnos en la historia como un personaje más, sentimos el cálido rescoldo del amor divino en ese abrazo del padre que también se vuelve a mirarnos y nos dice a cada uno: ¡Qué dicha tenerte de vuelta! ¡Tu regreso hay que celebrarlo, porque estabas muerto y has vuelto a la vida, estabas perdido y has sido encontrado!

Es conmovedor darnos cuenta de ese gesto de total apertura y disponibilidad del padre, que a pesar de nuestras equivocaciones, nos muestra siempre su corazón generoso. Aunque la caída hubiera sido grande y hubiéramos perdido todo: bienes materiales, prestigio, dignidad, buen humor, salud, paz espiritual y tantas cosas más, jamás dejaríamos de ser cada uno el hijo amado del padre. «Más allá de nuestros pecados y de nuestras miserias, descubrimos nuestra condición de hijos de Dios» (Philippe, 2014).

El amor de un padre bueno y misericordioso

Concluimos este capítulo con una inspiradora escena de la película *El Luchador* (*Cinderella Man*, 2005), un drama basado en la historia del campeón mundial de boxeo *James J. Braddock*, quien durante la *Gran Depresión* de 1929 perdió toda su fortuna en malas inversiones y tuvo que dedicarse a trabajar como estibador en el puerto, para sacar adelante a su familia que vivía en situación de miseria en una zona pobre de Nueva Jersey.

A pesar de la compleja situación económica que enfrenta, es un buen hombre de familia y de honor, que sabe afrontar con reciedumbre y decencia las graves dificultades que se le presentan en esta dura etapa. Y al igual que el padre de la parábola, es un padre bueno y misericordioso, que ama a los suyos y está atento para conocer lo que abriga el corazón de sus hijos. Una tarde, cuando regresa del puerto sin haber logrado conseguir trabajo en la jornada, su pequeña hija Rosy lo recibe con una mala noticia: «¡Jay se robó algo!». Jay es el mayor de sus tres hijos y se encuentra castigado por su madre en una esquina de la casa, por haberse robado un salchichón de la carnicería del barrio.

James baja las gradas de la casa y su esposa Mae le pone al corriente de lo ocurrido, que señala al niño como responsable del incidente. Este guarda silencio y se encuentra cabizbajo sentando en un banquillo. Es un momento de mucha tensión en la familia. Sin dudarlo, el padre le ordena al niño que traiga el salchichón, para ir a devolverlo de inmediato. El niño obedece pronto y salen hacia la carnicería. Al llegar, el niño entrega el salchichón y se disculpa con el carnicero, que decide no hacer ningún cobro por el objeto robado.

Al salir del lugar y caminar unos cuantos pasos, Jay le cuenta a su padre acerca de un amiguito suyo que ha cambiado de domicilio: «Marty Johnson tuvo que irse a Delaware, a casa de su tío». James le pregunta: «¿Por qué?». Y el niño le dice: «Sus padres no tenían para comer». Al escuchar la respuesta, James se mete las manos a los bolsillos y cavila un poco antes de contestarle con una lección de vida: «La cosa está difícil, tienes razón. Pero hay mucha gente peor que nosotros. Y eso no es excusa para que te lleves lo que no es tuyo. Eso es robar, ¿verdad? Y nosotros no robamos. Pase lo que pase, no robamos. Jamás, ¿me entiendes?». Y el niño asiente con la cabeza.

Entonces, James hace un gesto de gran empatía con su hijo: se agacha a la altura del niño, se frota suavemente las manos y le propone un trato: «¿Me lo prometes?». Y Jay responde: «Sí. Lo prometo». A lo que James replica despacio: «Y yo te prometo, que jamás nos separaremos», y le da la mano en señal de trato hecho. El niño la estrecha y se funde en un abrazo con su padre, mientras solloza reclinado en su hombro. James también está emocionado por el desenlace de la conversación y quita hierro al incidente: «Ok, niño. Te asustaste un poco. Comprendo. Está bien». Se levanta con Jay en sus brazos, mientras empieza a caminar de regreso a casa.

Es una escena maravillosa, porque el padre no juzga al niño ni lo etiqueta de ladrón, pero corrige su acción en el acto, sin dar lugar a dudas o ambigüedades. Es verdad que ellos carecen de comida, leche y de muchas cosas necesarias, pero no transige en el error del niño, por lo que aprovecha la ocasión para dar una inolvidable lección: ¡Pase lo que pase, los *Braddock* jamás roban! Y esa coherencia de principios del padre, le da una certeza al hijo en un momento de aflicción por la situación económica tan precaria que ellos y otras familias están viviendo. Su recia determinación y firme compromiso con el bien, demuestran la ética personal de James, que a pesar de lo sensible de la situación se mantiene coherente en lo que cree y practica en su vida.

Es en momentos de adversidad y de contradicción que se aprecia el contenido moral de todo ser humano. Es en lo más álgido de la tormenta que se pone a prueba la profundidad de los cimientos de una construcción. Y no es acaso la fortaleza interior de cada uno, el edificio que más debemos resguardar para preservar lo mejor que todos tenemos: una conciencia bien formada.

Por eso, en el próximo capítulo nos centraremos en ese ambivalente panorama de alegrías y tristezas que la vida nos presenta en cada encrucijada del camino.

2
«Alegrías y tristezas»
(La parábola de *los cimientos*)

*«Al venir una inundación,
el río rompió contra aquella casa, y no pudo
derribarla porque estaba bien cimentada»*
(Lucas 6, 46-49)

Hemos dado un paso de gigantes con la parábola del *hijo pródigo* y ahora continuamos esta ruta de oración con un breve relato que nos comparte Jesús en los evangelios: la parábola de *los cimientos,* en la versión que nos cuenta el evangelista Lucas:

«¿Por qué me llamáis: "Señor, Señor", y no hacéis lo que digo? Todo el que viene a mí y oye mis palabras y las pone en práctica, os diré a quién se parece. Se parece a un hombre que, al edificar una casa, cavó muy hondo y puso los cimientos sobre la roca. Al venir una inundación, el río rompió contra aquella casa, y no pudo derribarla porque estaba bien cimentada.

El que oye y no pone en práctica se parece a un hombre que edificó su casa sobre la tierra sin cimientos; rompió contra ella el río y enseguida se derrumbó, y fue tremenda la ruina de aquella casa» (Lc 6, 46-49).

CONSTRUIR SOBRE LA ROCA

La parábola que acabamos de leer es breve, apenas dos párrafos, pero rica en sabiduría y sentido común. Jesús inicia con un cuestionamiento a quienes le invocan con sus labios, pero cuyas acciones hacen caso omiso de las palabras que Él les propone: *«¿Por qué me llamáis: "Señor, Señor", y no hacéis lo que digo?»* (Lc, 6, 46). Para Jesús, se trata de escuchar y poner en práctica su palabra.

Entonces, explica con la parábola cómo es la persona que acude a su encuentro, escucha sus palabras y las pone en acción. Su planteamiento es sencillo, pero de una rotunda claridad, a través de un caso fácil de entender por sus oyentes. En este caso, Jesús desarrolla su enseñanza comparando el comportamiento de dos hombres cuya disposición interior para encarar la adversidad es marcadamente opuesta entre sí.

Al explicar este contraste de actitudes, Jesús se vale de una acción material conocida por todos los que le escuchan: la construcción de una casa. La sabiduría popular conocía de sobra que una casa edificada sobre cimientos firmes es siempre más resistente que una que carece de ellos. Puro sentido común.

Pero en realidad, el Señor aprovecha este ejemplo de lógica elemental de ingeniería para comparar la imagen de un hombre sensato que cava hondo y construye los fundamentos de su propia vida interior, respecto de otro que carece de ellos. Porque en el momento de enfrentar una gran prueba o tribulación, se advertirá la fortaleza del primero para resistirla y superarla, y no así la del segundo, cuya falta de cimientos interiores le hará derrumbarse y le llevará a una tremenda ruina espiritual.

La figura de cavar en lo profundo y construir sobre roca es categórica acerca de la importancia de tener só-lidos principios y virtudes, para edificar de forma segura el edificio de nuestra vida interior. Es evidente que nadie da lo que no tiene, pues de dónde se puede aferrar toda la construcción si no tiene un soporte que sostenga toda la estructura humana y espiritual de la persona.

> La figura de cavar hondo y construir los cimientos sobre roca es categórica acerca de la importancia de tener sólidos principios y virtudes

Ciertamente, resulta un despropósito construir la casa sobre bases falsas, porque tarde o temprano esa construc-ción se vendrá abajo. Por ejemplo, fundamentar la vida en mentiras o falsedades. De hecho, construir sobre polvo, arena o cualquier material poroso, se refiere más bien a establecer la realidad personal sobre algo cambiante e inestable. Los engaños que nos damos, los falsos motivos con los que justificamos los errores y los intereses mezquinos que nos hacen torcer la conciencia, son malos cimientos para cualquier persona.

Por el contrario, el que acepta sus fallos y reconoce con sinceridad sus faltas, tiene más posibilidades de asentar bien su casa sobre roca y forjar su carácter, que le lleva a la contrición verdadera, para pedir perdón a Dios y a quienes haya ofendido. Y esa reconciliación tan llena de significado con aquellos que amamos, nos da una inmensa alegría. Por lo cual, la roca de nuestra vida es Cristo. Pues Él mismo nos dijo que es «el Camino, la Verdad y la Vida» (Jn. 14, 6). La roca que dura para siempre es la verdad de Dios. Verdadero cimiento donde se puede cavar con firmeza y construir una vida.

Los entendidos que todo lo presumen saber y entender, te cuestionarán: ¿Por qué has cavado tan hondo? ¿Qué te hace pensar que necesitas tan profundos cimientos? ¿Cómo se te ocurre gastar tanto hierro y cemento en algo que está oculto a los ojos de todos?

La mejor respuesta para contestar sus interrogantes será seguir adelante con nuestras luchas y avances diarios, en silencio y con la mirada firme en la meta. La misión es ser consecuentes con nuestra determinación y decisión de cavar hondo en nuestra vida interior. Porque el edificio espiritual de nuestra alma precisa de firmes cimientos y de una profundidad interna para sostener toda la estructura externa que pueda resistir cualquier tormenta o tempestad.

Lo peor es ceder a la presión pública o a la injerencia de quienes no nos conocen ni aprecian, y consentir que lo mejor es quedarnos en la superficie, creyendo que nada va a pasarnos en esas condiciones. Es un grave peligro vivir esa necedad, que nos expone a sucumbir con facilidad ante cualquier inestabilidad. Porque está claro que si nos quedamos en la superficie, será inevitable que seamos arrasados por los vientos recios, una gran tormenta o un fuerte temblor. Así seremos siempre vulnerables.

Solo la persona, en lo más profundo de su ser, conoce cuán profundos deberían ser sus propios cimientos y cuánto hormigón necesitamos invertir en la construcción. De lo contrario, si nos atenemos a lo que los demás consideran que necesitamos, quizás sería insuficiente para enfrentar todas las encrucijadas cotidianas. Estaríamos expuestos gravemente a cualquier amenaza que se presente en la vida y seríamos presa fácil de las condiciones externas. Y no hay cosa peor que estar a merced de terceros o de la confluencia de situaciones que están fuera de nuestro control o alcance.

En otras circunstancias, le echamos la culpa a las omisiones del pasado o a la aversión natural al riesgo que en tantas ocasiones enfrentamos. «El riesgo es parte sustancial de la condición humana. No se puede en este mundo hacer nada serio sin exponerse, con frecuencia, al fracaso. Y, desde luego, la única manera de no equivocarse nunca –es decir, de equivocarse siempre– es renunciar a toda aventura por pura cobardía» (Martín Descalzo, 1999).

Resistir las pruebas y adversidades

Al respecto, hace muchos años le oí decir a un sabio general que «de las crisis y transiciones surgen los grandes países, las grandes instituciones y los grandes seres humanos; el país, institución o ser humano que no sale adelante en la crisis, le cuesta salir adelante en la normalidad». Frase muy cierta que nos sitúa ante el desafío que supone salir airoso ante una crisis o adversidad, que se puede manifestar a través de una grave enfermedad, un conflicto familiar, una difícil situación económica o una penosa humillación pública.

De hecho, es habitual escuchar esa idea de que las crisis tienen una doble cara de riesgo y oportunidad. Por un lado, ponen a prueba la fortaleza y templanza que cada uno tiene, y por otro, exponen las limitaciones humanas que nos hacen caer y derrumbarnos. Sin embargo, más allá de esa fragilidad particular, sobresale el factor decisivo que constituye la fuerza poderosa de la esencia humana, que nos identifica y eleva la propia naturaleza de forma extraordinaria. «Más hondo y más esencial que nuestra limitación humana y el mal que nos afecta, hay como un núcleo intacto, nuestra identidad de hijos de Dios» (Philippe, 2014).

Así como el edificio material no es solo puertas, paredes y techos, sino que tiene sótanos amplios y robustos para que prevalezca firme en el tiempo, de igual modo nuestro interior debe tener una base consistente, que sea sólida, profunda y espaciosa, para hacer frente a cualquier temporal o sacudida. Esa fuerza poderosa es nuestra filiación divina, que se hace plena en la oración. «Dios es la única fuente de energía inagotable. Por la oración, aunque nuestro hombre exterior se vaya desmoronando, nuestro hombre interior se va renovando día a día» (*Ibídem*).

Esa fuerza poderosa es nuestra filiación divina, que se hace plena en la oración

---

Tener esa certeza nos hace disponer de una gran serenidad y reciedumbre. Es la tranquilidad de percibir en lo más profundo de nuestro interior, que todo va a estar bien si aceptamos su voluntad y dejamos que habite su gracia en nuestra alma, a pesar de los errores y caídas que hayamos tenido.

Que no es otra cosa, que percibir la dicha de ser, saber y sentirnos hijos de Dios, porque de verdad lo somos. Lo cual, nos lleva a celebrar este inmenso don de su amor. «La alegría de Dios está vinculada a su condición de hijo, y esta alegría de Jesús y de su Padre se me ofrece a mí. Jesús quiere que participe de la misma alegría que Él: "Como el Padre me amó, así os he amado yo. Permaneced en mi amor. Sí guardáis mis mandamientos, permaneceréis en mi amor, como yo he guardado los mandamientos de mi Padre y permanezco en su amor. Os he dicho todo esto para que mi alegría esté en vosotros y vuestra alegría sea completa" (Jn 15, 9-11)» (Nouwen, 2005).

Por eso, es una buena idea pedirle al Espíritu Santo una gran finura de espíritu para poder percibir lo divino en todo lo que hacemos. Pedirle esa capacidad de discernimiento, que nos lleva a conocer cuándo hacer los cambios y aplicar ese sano criterio en las pequeñas y grandes decisiones. Y comprender esa sabiduría divina de Jesús que nos dice con sus gestos y palabras, que confiemos en Él, aunque por momentos vivamos la contradicción, la ambivalente realidad de las alegrías y tristezas, de los gozos y sinsabores, de la luz y oscuridad, de la quietud y la tempestad.

Es una buena idea pedirle al Espíritu Santo
una gran finura de espíritu para poder percibir
lo divino en todo lo que hacemos

ALEGRÍAS Y TRISTEZAS

En el itinerario particular de cada persona, no todo es color de rosa. Es lógico que cada día tenga sus matices, sus circunstancias particulares, pero también sus consabidos altibajos. Lo que está claro es que todo lo que vivimos puede servirnos para aprender, crecer y santificarnos. Tener esa perspectiva nos ahorra agobios innecesarios, porque no podemos vivir en la irrealidad de un mundo de fantasía, en el que pareciera que habitamos una burbuja que nos previene de sufrir calamidades.

De igual modo, no tiene sentido que actuemos siempre de cara a la galería, buscando la aprobación y aceptación de los demás, y comparando nuestra realidad con la del vecino. Eso no es construir la casa sobre roca, sino sobre las expectativas y atribuciones de terceros. Es revelador lo que dice Nouwen al respecto: «El mundo en el que crecí es un mundo tan repleto de categorías, grados y estadísticas, que consciente o inconscientemente, siempre trato de competir con los demás. Mucha de la tristeza y alegría de mi vida viene directamente de compararme; y mucha, por no decir toda, esta comparación es inútil, una pérdida de tiempo y energía» (*Ibídem*).

Vivamos lo que vivamos, tenemos una diversidad de formas de hacerle frente a cualquier situación que experimentemos. Lo primero es gestionar el contenido de los propios pensamientos, porque es uno mismo el que se hace sabotaje con los juicios y temores que fabrica en su mente. Tiene razón William James cuando dice que, «eres tú con tu forma de hablarte cuando te caes, el que determina si te has caído en un bache o una tumba».

Esa autopercepción de que los problemas y adversidades no tienen solución a la vista, limita la capacidad real de hacerles frente de forma inmediata. Por el contrario, nos hunde en la premisa de que todo coopera contra nuestro bien y felicidad. Cuando en realidad, esa situación adversa es un desafío para sacar nuestra mejor versión. «Tiendo tanto a impresionarme por la tristeza innata a la condición humana que ya no reclamo la alegría que se manifiesta en formas, muy pequeñas, pero auténticas. La recompensa por elegir la alegría es la propia alegría» (Nouwen, 2005).

Lo importante es estar convencidos que la vida es más simple y llevadera cuando estamos alegres por lo que somos y hacemos, así como cuando logramos evitar las diversas complicaciones cotidianas y servimos a los demás con buena cara.

Al respecto, hace unos años se hizo viral en Internet el discurso de Lou Holtz en el acto de graduación de la Universidad Franciscana de Steubenville. La disertación de este legendario entrenador de fútbol americano de Notre Dame se centraba en esta idea que hemos apuntado: «La vida no tiene por qué ser complicada. Yo intento mantener la vida simple. ¿Te das cuenta de que solo hay siete colores del arcoíris? Solo siete. ¡Mira lo que hizo Miguel

Ángel con esos siete colores! Solo hay siete notas musicales. ¡Mira lo que hizo Beethoven con esas siete notas!» (Holtz, 2015).

Su discurso continuaba con una sugerente propuesta a partir de su experiencia particular, que apuntaba fino a las prioridades necesarias para tener una vida lograda. «Digamos que necesitas cuatro cosas en la vida. Si no tienes ninguna de estas cuatro cosas en tu vida, vas a tener un enorme vacío. Mira, todo el mundo necesita: *algo que hacer, alguien a quien amar, alguien en quien creer*, y la cuarta cosa que necesitas en tu vida es: *algo en que tener esperanza*» (*Ibídem*).

> «Todo el mundo necesita: *algo que hacer, alguien a quien amar, alguien en quien creer*, y la cuarta cosa que necesitas en tu vida es: *algo en que tener esperanza*»

¡Qué interesante propuesta para tomar en cuenta y aplicar de forma práctica y sencilla en nuestra vida!

1. ***Algo que hacer***, supone tener una actividad personal, un tiempo de estudio o trabajo digno y santificable, que nos permita mantenernos activos y productivos, para conseguir nuestro sustento diario y salir adelante con los compromisos personales y familiares. El trabajo es un medio, no un fin.

2. *Alguien a quien amar*, tiene que ver con encontrar a una persona que enriquece y complementa nuestra existencia, con la que compartimos alegrías, pruebas, emociones y satisfacciones.
3. *Alguien en quien creer*, significa tener los pies en el suelo y la cabeza en el cielo, de tal modo que orientamos hacia Dios nuestra existencia.
4. *Algo en que tener esperanza*, implica tener ilusiones, inspiraciones y anhelos para hacerlos realidad a lo largo de la vida.

En cierta forma, parece un itinerario básico hacia una vida que hinca sus raíces en esas variables que le dan sentido a nuestra existencia y a la convivencia con quienes nos rodean. Cuestiones elementales que a veces pasamos por alto, pero que nos permiten construir los cimientos sobre roca y forjar una vida sencilla, pera plena.

AMAR LA VOLUNTAD DE DIOS

Quizás me puedes decir, yo quiero hacer todo eso, pero la vida no siempre me sonríe o, peor aún, hay ocasiones en las que quiero tirar todo al garete porque no me sale nada de lo que me propongo hacer. Entiendo que eso puede ser frustrante y lamentable, pero entonces hay que revisar cómo están los cimientos interiores. Porque es probable que exista algo que impide que tus bases y pilares estén cavados sobre roca, y en su lugar haya mucho peso sostenido de forma inestable en la superficie.

En este sentido, conviene regresar a esa pregunta que formula el Señor al inicio de la parábola: *«¿Por qué me llamáis: "Señor, Señor", y no hacéis lo que digo?»* (Lc, 6, 46). En el fondo de muchas de nuestras infelicidades y decepciones, está nuestra tozudez para cumplir la voluntad de Dios, como consecuencia de la libertad que Él nos confiere de modo irrestricto. «En todo caso, lo que no resulta admisible es echar la culpa a Dios. No somos marionetas de Dios: hacemos lo que queremos, o lo que podemos, o lo que nos dejan los demás. Pero no actuamos bajo unos dictados imperiosos de Dios que nos anulen la libertad. Nuestra vida la construimos nosotros. Si queremos, la construiremos siguiendo los dictados y consejos de Dios; y si no queremos, totalmente al margen de lo indicado por Él» (Ordeig, 2015).

> En el fondo de muchas de nuestras infelicidades y decepciones, está nuestra tozudez para cumplir la voluntad de Dios

Pero si ese es el caso, debemos espabilar para poner en acción lo que el Señor nos propone a cada uno en el itinerario personal de nuestra vida interior. Con la certeza de que contamos con su ayuda y su amorosa Providencia, que se hace presente de forma sensible en la historia de los hombres. «Dios interviene en la historia humana a través de aquellos hombres que libremente –porque les da la gana– hacen con su vida la voluntad de Dios. Estos son, precisamente, los santos: personas que, con su actuar, han contribuido a llevar a cabo en esta tierra lo que Dios quiere. Esto es un motivo más, importantísimo, para plantearnos cada uno la necesidad de ser santos» (*Ibídem*).

De hecho, todos somos administradores de los bienes que nos ha dado para disfrutar de las realidades y delicias de la Tierra. Lo bueno es que a cada uno nos ha entregado unos talentos, para que los hagamos rendir y podamos dar fruto a nuestro alrededor. Esos talentos son los medios, potencialidades e instrumentos, para superar los desafíos habituales y enfilar hacia la senda de la santidad. En el camino, se nos presentarán éxitos y fracasos, pero al final, Dios siempre nos premia con su mirada justa y misericordiosa.

3
«Éxitos y fracasos»
(La parábola de *los talentos*)

«Muy bien, siervo bueno y fiel;
como has sido fiel en lo poco,
yo te confiaré lo mucho:
entra en la alegría de tu señor»
(Mateo 25, 14-30)

Avanzamos un paso más en esta senda de la oración y mientras seguimos las huellas del Señor que va marcando el camino con sus pasos, preparamos el corazón para escuchar nuevamente su palabra.

Antes de contarnos esta parábola, Jesús ha relatado en el evangelio acerca de varias formas y figuras a las que se asemeja el Reino de Dios. Ahora nos quiere hablar de un hombre que está por marcharse, pero que antes de irse quiere entregar unos talentos a sus servidores:

«Porque es como un hombre que al marcharse de su tierra llamó a sus servidores y les entregó sus bienes. A

uno le dio cinco talentos, a otro dos y a otro uno sólo: a cada uno según su capacidad; y se marchó. El que había recibido cinco talentos fue inmediatamente y se puso a negociar con ellos y llegó a ganar otros cinco. Del mismo modo, el que había recibido dos ganó otros dos. Pero el que había recibido uno fue, hizo un agujero en la tierra y escondió el dinero de su señor. Después de mucho tiempo, regresó el amo de dichos servidores e hizo cuentas con ellos. Cuando se presentó el que había recibido los cinco talentos, entregó otros cinco diciendo: «Señor, cinco talentos me entregaste; mira, he ganado otros cinco talentos». Le respondió su amo: «Muy bien, siervo bueno y fiel; como has sido fiel en lo poco, yo te confiaré lo mucho: entra en la alegría de tu señor». Se presentó también el que había recibido los dos talentos y dijo: «Señor, dos talentos me entregaste; mira, he ganado otros dos talentos». Le respondió su amo: «Muy bien, siervo bueno y fiel; como has sido fiel en lo poco, yo te confiaré lo mucho: entra en la alegría de tu señor». Cuando llegó por fin el que había recibido un talento, dijo: «Señor, sé que eres hombre duro, que cosechas donde no sembraste y recoges donde no esparciste; por eso tuve miedo, fui y escondí tu talento en tierra: aquí tienes lo tuyo». Su amo le respondió: «Siervo malo y perezoso, sabías que cosecho donde no he sembrado y que recojo donde no he esparcido; por eso mismo debías haber dado tu dinero a los banqueros, y así, al venir yo, hubiera recibido lo mío con los intereses. Por lo tanto, quitadle el talento y dádselo al que tiene los diez.

Porque a todo el que tiene se le dará y tendrá en abundancia; pero al que no tiene incluso lo que tiene se le quitará. En cuanto al siervo inútil, arrojadlo a las tinieblas de afuera: allí habrá llanto y rechinar de dientes» (Mt 25, 14-30).

FIDELIDAD A LA MISIÓN

La parábola de *los talentos* que figura en el evangelio de Mateo, es un reflejo de la llamada que Dios hace a cada uno de forma personal y llena de confianza, para entregarnos sus dones más preciados. Dones valiosos que recibimos gratuitamente y que se nos dan para nuestro provecho material, humano y espiritual.

La historia que nos cuenta Jesús tiene tres momentos sucesivos que se van desarrollando a lo largo del relato, los cuales tienen una recompensa según la respuesta que cada protagonista aporta a la misión encomendada, y termina con una tajante conclusión.

El primer momento es la llamada del amo a sus tres siervos para entregarles sus bienes, según su respectiva capacidad: *«A uno le dio cinco talentos, a otro dos y a otro uno sólo»* (Mt 25, 15), con la idea de que negociaran con ellos y los hicieran rendir. El segundo momento es la labor que cada siervo realiza en función del encargo recibido, durante el tiempo que el amo está de viaje. Y el tercer momento es la rendición de cuentas según lo que cada siervo logró en sus negocios, una vez ha regresado el amo de su larga ausencia.

Cabe aclarar que el talento no alude aquí a una denominación monetaria, sino a una unidad contable equivalente a un valor de seis mil dracmas o a una cantidad de treinta y cuatro kilos de plata. Es decir, muchísima plata. Por lo cual, un talento representa en el relato un bien importante de riqueza que se le entregó a cada uno para hacerlo rendir con creces. Sin embargo, para los propósitos de la enseñanza que Jesús nos quiere transmitir en esta parábola, lo importante no es tanto la cantidad recibida, sino más bien la disposición para trabajar con lo que se le asigna a cada uno y corresponder a su confianza.

¿Qué hizo cada siervo con los talentos encomendados? *«El que había recibido cinco talentos fue inmediatamente y se puso a negociar con ellos y llegó a ganar otros cinco. Del mismo modo, el que había recibido dos ganó otros dos. Pero el que había recibido uno fue, hizo un agujero en la tierra y escondió el dinero de su señor»* (Mt 25, 16-18).

¿Qué ocurrió cuando regresó el amo de viaje? Pidió cuentas de los talentos encargados a cada uno de los siervos. El primero los negoció bien y ganó otros cinco talentos, y en su honor el amo le reconoció su calidad moral y fidelidad: *«Muy bien, siervo bueno y fiel; como has sido fiel en lo poco, yo te confiaré lo mucho: entra en la ale-*

gría de tu señor» (Mt 25, 21). El segundo hizo lo mismo con sus dos talentos, y recibió de su Señor la misma felicitación que el primero: *«Muy bien, siervo bueno y fiel; como has sido fiel en lo poco, yo te confiaré lo mucho: entra en la alegría de tu señor»* (Mt 25, 23).

Pero el tercero tuvo miedo, y en lugar de ganancias presentó excusas y justificaciones de su temor a negociar con el talento. De hecho, en un momento de su discurso parece echarle la culpa al amo por ser tan exigente. Por lo que el amo le reprende su acusada dejadez, su grave equivocación y falta de determinación para cumplir con fidelidad el negocio encomendado: *«Siervo malo y perezoso, sabías que cosecho donde no he sembrado y que recojo donde no he esparcido; por eso mismo debías haber dado tu dinero a los banqueros, y así, al venir yo, hubiera recibido lo mío con los intereses. Por lo tanto, quitadle el talento y dádselo al que tiene los diez»* (Mt 25, 26-28).

Pero quizá es la conclusión de la parábola lo que queda resonando con fuerza al final de todo el relato, porque aquí Jesús hace énfasis en la importancia de hacer rendir los talentos y la terrible consecuencia de no haberse esforzado suficiente para cumplir el encargo recibido: *«Porque a todo el que tiene se le dará y tendrá en abundancia; pero al que no tiene incluso lo que tiene se le quitará. En cuanto al siervo inútil, arrojadlo a las tinieblas de afuera: allí habrá llanto y rechinar de dientes»* (Mt 25, 29-30).

El tono de las palabras que emplea es tajante y no deja margen a concesiones. En su lugar, refuerza la idea que sale favorecido aquel que muestra buena disposición y convicción en la misión que le fue confiada. Mientras que el que evade su responsabilidad, es un servidor al que no se le puede confiar nada y es mejor prescindir de su presencia.

Refuerza la idea que sale favorecido aquel que muestra buena disposición y convicción en la misión que le fue confiada

---

Se puede decir que la misión es la vocación específica a la que hemos sido llamados a realizar y vivir en nuestra vida. «Nuestra misión define nuestra manera de ser y de actuar. Es el criterio por el que medimos todas nuestras acciones y el principio que da unidad a nuestra vida entera» (Havard, 2018).

El amo, el hombre rico de la parábola representa a Dios, que nos ha confiado a cada uno de nosotros una cantidad de talentos y tenemos el deber de hacerlos rendir con creces. En concreto, se puede decir que nos ha confiado una inmensa responsabilidad en su Reino. Por lo cual, brota natural el sentido de asombro y gratitud con Dios, por los abundantes dones que cada uno ha recibido. No importa si son cinco, dos o un solo talento. Ni si son más o menos de los que recibieron los que me rodean. De hecho, la mera decisión de confiarnos un solo talento, que equivale a treinta y cuatro kilos de plata, significa poner en nuestras manos una enorme riqueza.

En este punto, conviene preguntarse: ¿Qué talentos nos has dado a cada uno en lo particular? La vida, la conciencia de existir, la fe, el tiempo, los sentidos, las facultades de pensar, sentir y amar, la respectiva inteligencia, salud y belleza, la vocación personal, la capacidad de comunicarnos, las destrezas manuales y deportivas, el sentido artístico, la familia, las amistades de verdad, la cultura que hemos heredado, la educación recibida, el techo que nos cobija, la comida que nos alimenta, el espacio donde cada uno se gana la vida, y tantos talentos más.

Por lo tanto, es fácil advertir que hemos recibido muchísimos talentos, gracias y dones. Los cuales no siempre alcanzamos a identificar, apreciar o a dimensionar los alcances de lo que esto significa en nuestra historia personal. En este sentido, conviene detenernos a reflexionar y valorar la magnitud de esta riqueza que Dios pone en nuestras manos.

DECISIÓN Y DETERMINACIÓN

Por tanto, la primera lección que surge de esta parábola es la importancia de corresponder con decisión y determinación a las gracias que Dios nos da a lo largo de la vida. Hemos sido premiados con un paquete de dones naturales y sobrenaturales que nuestro Señor ha puesto en el interior de cada uno desde que tenemos conciencia. Llámale talentos, dones, cualidades, gracias, inspiraciones, carismas o lo que tu consideres mejor. Pero lo importante no es el nombre o la cantidad de talentos recibidos, sino la disposición generosa para corresponder a su confianza y amor.

Pienso que esos talentos son los medios, potencialidades e instrumentos que Dios nos da, para superar los desafíos habituales y dirigir nuestros pasos hacia la meta de la santidad. «Los talentos son una participación en la misericordia de Dios, una participación en el valor del amor divino. Pero como la misericordia siempre se dirige al otro, estos "talentos" están diseñados para ser compartidos. Aumentarán precisamente en la medida en que se regalen» (Barron, 2023).

En el itinerario particular de cada uno se nos presentarán una serie de éxitos y fracasos, pero al final, Dios siempre premia esta fidelidad con su mirada sabia y generosa. «Las ventajas de esta fidelidad superan sin medida las penas y dificultades que se encontrarán inevitablemente» (Philippe, 2014). Porque lo decisivo no es ganar o perder, sino atreverse a poner en juego los dones que Él nos ha entregado.

En este proceso, podemos enfrentarnos a inquietudes, incertidumbres y temores por los riesgos que supone atreverse a jugar con los talentos que disponemos, pero lo peor es quedarse de brazos cruzados y esperar que la gracia fructifique sin habernos esforzado nada. El miedo a fracasar, a dar el mal paso y perderlo todo, es una fuente de ansiedad y preocupación. Pero la acción de enterrar el talento es el mismo gesto del avestruz que mete la cabeza en la tierra y se olvida del mundo que le rodea.

El miedo a fracasar, a dar el mal paso y perderlo todo, es una fuente de ansiedad y preocupación

---

Es el retrato de la persona que esquiva las confrontaciones, rehúye de sus propias responsabilidades o escapa de los problemas con actitud cobarde. Lo cual es andar por la vida como en *off*, sin ningún interruptor que encienda el *on* que active la luz de su existencia. Como bien decía Julio César: «Los cobardes mueren varias veces antes de expirar».

También es cierto que en algunos casos puede haber razones psicológicas de baja autoestima, que generalmente es inculpable a la persona, va más allá de sus fuerzas o escapa de su control. Pero en el fondo, esta sensación de poca autoestima, puede revelar una falta de fe de lo mucho que nos ha dado Dios en la vida, así como una falta de reconocimiento de las riquezas que tenemos en nuestras manos. Eso nos lleva a ignorar el enorme valor de lo que tenemos en las alforjas personales, que no es por mérito propio, sino por el gran amor que Dios nos tiene.

No cabe duda de que en esta vida nadie quiere equivocarse, pero es evidente que quien no arriesga no gana. Por eso, el solo hecho de dar el primer paso y atreverse a entrar al juego, es ya una enorme ganancia. «Cualesquiera que sean las pruebas, las desilusiones, el peso de las situaciones, los fracasos y las faltas, en la oración encontraremos la fuerza y la esperanza para asumir la existencia con una total confianza en el porvenir» (Philippe, 2014).

Es lógico que algunas veces encontraremos dificultades, amenazas, desafíos que parecen infranqueables. Incluso, habrá ocasiones que el panorama resulte desbordante y sin salida aparente, que nos hagan sentir que el fracaso nos respira en el cuello. A pesar de esas contrariedades, merece la pena tener el corazón agradecido por todas las demás cosas que han salido según lo planificado o por encima de lo esperado. «No podemos ser tan ciegos que no valoremos todas las cosas bonitas y positivas que la vida tiene» (Ordeig, 2015).

Por eso, cada día se renuevan las condiciones para reencauzar el rumbo de nuestra vida. No hay tiempo que perder para poner en acción los talentos recibidos y negociarlos en la «bolsa de valores» espirituales. Visto con ojos humanos, lo ideal es invertir cada día el mejor tiempo para Dios, de tal modo que no nos alejemos jamás de Él y sepamos poner en práctica sus sabias palabras en las pequeñas y grandes acciones que emprendamos.

La clave es no encerrarnos en el caparazón de nuestros temores y quedarnos a oscuras en el interior del alma, porque sin la mirada del Señor el mundo parece que está cerrado, apagado y frío. Es el momento de mostrar audacia y valentía, para evitar la parálisis por la indecisión y falta de determinación.

EXCELENCIA Y MEDIOCRIDAD

En esta misma línea, otra enseñanza que conviene subrayar en la parábola es la importancia de obedecer de inmediato a la llamada de Dios. Es una invitación a salir de la zona de confort y tomar al toro por los cuernos. Porque «el que obedece no se equivoca» y con su excelente disposición honra el inmenso amor de quien solo quiere lo mejor para su provecho humano y espiritual. Lo que significa que la persona que se fía de Dios y se encomienda a Él, vence en toda escaramuza que enfrente, porque goza de su presencia y de su fiel cercanía.

Alguien con esta certeza, entiende que para triunfar es esencial dar el primer paso e intentar algo, porque no sabría cómo hacerlo si antes no hay una decisión de ir hacia adelante y enfrentar lo que venga. De lo contrario, solo se quedaría con las ganas o el deseo de hacerlo, pero sin tomar ninguna iniciativa para que su intento cobre vida. Bien decía Confucio que «un hombre es grande no porque no haya fracasado; un hombre es grande porque el fracaso no lo ha detenido».

Al respecto, llama la atención que los dos primeros siervos de la parábola actúan al instante, sin dejar espacio a la duda o a la pereza. Su instinto es obedecer el encargo y se lanzan con plena intención de multiplicar las ganancias para su señor. No dice que lo hicieran para un provecho personal o sacar partido de forma egoísta de la negociación. Su actuación inmediata es parte de su éxito, de modo que no postergan el trabajo para más tarde cuando surja una eventual mejor ocasión, sino que su disposición les hace aprovechar las condiciones actuales y proceder cuanto antes.

Esa iniciativa es valiosa y necesaria en la vida, ya que perfecciona al ser humano para actuar de forma proactiva, con excelencia y atención para gestionar las variables que se tengan a mano, sin esperar señales adicionales o procrastinar el encargo. Ciertamente, hay que ser prudentes en todo lo que pensamos, hacemos y decimos. Pero la prudencia no es pasividad o indolencia, sino la virtud que trasluce la belleza de un corazón sabio.

Los dos primeros servidores no sabían de antemano si iban a ganar o perder en el negocio, pero está claro que no podrían haberlo descubierto de haberse quedado solo con el proyecto en mente. De hecho, no tenían el éxito garantizado. Sin embargo, su actitud de firme obediencia rinde frutos y produce una ganancia equivalente al talento invertido. Es muy cierto eso de que una persona con voluntad llega más lejos que una persona inteligente, porque «posee una visión larga de la vida y es capaz de ponerse objetivos concretos y aventurarse para alcanzarlos. La voluntad requiere determinación, decisión y tesón» (Rojas Estapé, 2018).

Igual sucede con el tiempo, las energías, los recursos materiales y el resto de los dones que tenemos, los cuales son la materia prima que nos permite dar frutos en cualquier realidad humana. Por el contrario, cuando no los empleamos bien o los echamos por la borda, se convierten en aprietos, bienes perdidos y en causa de frustración para quien no los sabe aprovechar.

VENCER LAS PROPIAS FRUSTRACIONES

Al hilo de esta idea, cuenta Andre Agassi, uno de los más grandes tenistas de todos los tiempos, que al llegar a la cima del deporte «aprendió en su vida que el fracaso y el éxito son solo una ilusión. Llegué al número uno del mundo pensando que ese iba a ser el final de todo y que haría feliz a mi padre por lograr esa meta. Y la verdad es que no fue así. Obtuve el número uno del mundo y nunca he estado tan desconectado como lo estuve entonces. Así que como resultado caí en espiral y bajé hasta el puesto ciento cuarenta del mundo. Todos se sorprendieron, menos yo, pues sabía que cada decisión que tomaba a diario me estaba llevando en la dirección equivocada» (Agassi, 2017).

¿Cómo logró salir adelante este gran campeón de esta compleja situación? Con sencillez y transparencia relata que cuando tocó fondo, sabía que tenía que tomar una gran decisión: «Lo dejaba todo o empezaba de nuevo. Y fue entonces cuando decidí tomar posesión de mi vida. Decidí encontrar mis razones para jugar, y así lo hice. Fui a trabajar todos los días estableciendo objetivos diarios y me dije a mí mismo que no sabía si alguna vez volvería a ser número uno, pero sabía que había una cosa que podía hacer: controlar lo que estaba bajo mi control. Es decir, mi ética de trabajo, mi disciplina, mi enfoque, mi implacable espíritu de tratar de mejorar cada día. Y al hacerlo, me di cuenta de que nunca había estado tan conectado en mi vida como entonces» (*Ibídem*).

Lo bueno es que todo esfuerzo basado en principios y en una gran determinación de vencer, tiene su recompensa. Por eso, después de un tiempo de firme dedicación en los entrenos y competencias, logró generar el impulso que su carrera necesitaba hasta volver a ser número uno del mundo. Regresó a la cima del tenis, pero con una actitud distinta a la primera vez. «Lo que aprendí principalmente a través de ese viaje es bastante simple: el fracaso y el éxito son una ilusión. Lo único que es una realidad es la manera de elegir involucrarte con tu vida hoy» (*Ibídem*).

Todo esfuerzo basado en principios
y en una gran determinación,
tiene su recompensa

Fruto de todo ese esfuerzo, Agassi fue el primer jugador en la historia que logró ganar los siete títulos más prestigiosos en el tenis individual masculino: los 4 *Grand Slam*, la *Copa Masters*, la medalla de oro olímpica y la *Copa Davis*. Un hito histórico que consiguió gracias a su espíritu deportivo y capacidad de hacer vida sus propósitos. Dejó atrás lo que le frustraba y puso en acción sus talentos para triunfar en su deporte.

RECTITUD DE INTENCIÓN Y BUENA VOLUNTAD

Cada uno de nosotros, si se lo propone, puede poner sus talentos personales al servicio de los demás. Es el triunfo de la rectitud de intención y buena voluntad sobre las propias limitaciones personales, para hacer la diferencia en cualquier entorno en el que uno se desenvuelva. Según sostiene Havard, «las elecciones que realizamos desde la primera infancia dependen, claro está, de los valores que animan a nuestros padres, a nuestros profesores, a las personas que nos rodean. Pero estas elecciones al final son nuestras elecciones, somos nosotros quienes las hacemos, consciente o inconscientemente» (Havard, 2019).

Uno podría pensar que el siervo que recibió solo un talento, tenía una tarea más sencilla y de menor riesgo, en comparación con sus otros compañeros que recibieron cinco y dos talentos, respectivamente. Pero no sucedió así, puesto que su temor fue más grande que su amor, y sucumbió ante la fama de hombre duro y exigente del amo. Y en su lugar, exhibe una comodidad, pereza y notable indiferencia ante el talento que se le había confiado. Por eso, el amo le desenmascara por su negligencia, holgazanería y arrogante indolencia. Su temor por fracasar es el disfraz que visten los perezosos, lo cual le convierte en una gran decepción y en el reflejo de la más penosa inutilidad.

Las personas así, tienen el corazón pequeño y los problemas grandes, porque al carecer de valor y de la voluntad necesaria para superarse, resultan presas fáciles de la mediocridad y luego sufren las consecuencias. Se conforman con ir tirando y sobreviviendo a las circunstancias, porque su aspiración carece de altura, fuerza y velocidad.

A tal grado, que no imitan lo bueno que hacen los mejores, sino que se rigen por sus propias necedades. En palabras de Chesterton: «La mediocridad es estar cerca de la grandeza y no enterarse». En su lugar, se refugian en envidiar el éxito de quienes triunfan con esfuerzo y tenacidad. Tenía razón Jackson Brown, célebre cantautor estadounidense, cuando afirmaba que «la envidia es el homenaje que la mediocridad rinde al talento».

Triste panorama, que nos hace sucumbir a peligros imaginarios y a socavar toda expectativa de superación personal. Está claro que si hubiera sido un soldado listo para entrar en batalla, la hubiera dado por perdida antes del primer disparo. Capituló antes de comenzar la batalla y, por tanto, dio por perdida toda posibilidad de éxito. Por lo cual, las consecuencias no podían ser otras que las que su indolencia provocó.

Ya se ve que es imposible la victoria, para quien tiene la consigna de no luchar y no atreverse. Es una contradicción andar por la vida con la bandera de la ley de menor resistencia y del mínimo esfuerzo, porque es un reflejo de falta de voluntad y de amor propio. «En un mundo en el que constantemente se están haciendo comparaciones entre la gente, clasificándolos en más o menos inteligentes, más o menos guapos, con más o menos éxito, no es fácil creer en un amor que no hace lo mismo» (Nouwen, 2005).

EL VIAJE DEL AMO

Antes de finalizar este capítulo conviene que le dediquemos atención al viaje del amo. Al principio, no se establece un tiempo de duración de su viaje, sino que habla de una marcha que parece indefinida. *«Un hombre que al marcharse de su tierra llamó a sus servidores y les entregó sus bienes»* (Mt, 25, 14). Al regresar, mucho tiempo después, hace cuentas con sus servidores. Es razonable pensar que los bienes que les ha entregado no se los regala ni se olvida de ellos, sino que se los da para que negocien y los gestionen oportunamente.

De alguna forma, se va tranquilo y despreocupado por los bienes que ha dejado a sus siervos. Cuenta con cada uno de ellos y confía en sus capacidades e iniciativa.

Entre tanto, los siervos reciben los bienes en pleno uso de su libertad y saben que la única condición es negociar con ellos. Por lo cual, al regresar el amo los busca con la certeza de poder recibir sus bienes con sus respectivos intereses.

No es acaso, una muestra de los dones naturales y sobrenaturales que Dios nos entrega a cada ser humano, para trabajarlos y hacer rendir sus frutos a lo largo de nuestra existencia. Nuestra misión es hacer buen uso de ellos, multiplicarlos y, al hacer balance de las cuentas, ofrecer lo mejor que tengamos como ofrenda a Dios.

Lo bueno es que Dios nos ha dado carta blanca para actuar en libertad y corresponder a su gracia, puesto que solo interviene en la historia de la humanidad a través de la magnífica actuación de sus hijos que más sacan provecho de los talentos recibidos. «Dios interviene en la historia humana a través de aquellos hombres que libremente –porque les da la gana– hacen con su vida la voluntad de Dios. Estos son, precisamente, los santos: personas que, con su actuar, han contribuido a llevar a cabo en esta tierra lo que Dios quiere. Es un motivo más, importantísimo, para plantearnos cada uno la necesidad de ser santos» (Ordeig, 2015).

Yo también tengo la ilusión de ganarme el cielo con mi lucha diaria por amor a tu voluntad. Comprendo que me amas por ser quien soy, no por lo que hago o tengo, ni por mis triunfos o mis batallas perdidas, sino por el amor con el que renuevo mi ilusión de tratarte y seguirte. «Orar no es hacer algo por Dios, sino recibir su amor, dejarse amar por Él» (Philippe, 2014).

Por eso, cada día me levanto con la gratitud de todo lo bueno que he vivido hasta ahora, con la dicha de gozar las maravillas de cada jornada y dispuesto a lograr mis sueños más audaces que el futuro me depara. Es un itinerario de gratitud, pasión y esperanza, para hacer realidad mis ambiciones nobles y grandes anhelos con las que pueda seguir forjando mi camino hacia ti, Dios bendito y misericordioso.

4
«Ambiciones nobles»
(La parábola de *la perla preciosa*)

«Cuando encuentra una perla de gran valor,
va y vende todo cuanto tiene y la compra»
(Mateo 13, 46)

Después de haber negociado bien nuestros talentos y recibido con gozo ese reconocimiento de confianza y afecto de parte del Señor, continuamos nuestro camino de oración con un espíritu renovado, dispuestos a seguir la actitud que el Maestro nos propone en su enseñanza.

En esta ocasión, Jesús nos cuenta la breve parábola de *la perla preciosa*, que junto a la del *tesoro escondido en el campo* y *la red barredora*, forma parte de una trilogía de las llamadas parábolas del *Reino de los Cielos*. Las tres son cortas en extensión, guardan una estrecha relación entre sí y una similitud en su estructura.

Sin embargo, para el propósito del tema que nos ocupa ahora, centramos nuestra atención en la parábola de *la perla preciosa*, que atesora un profundo significado y valor inspirador. Veamos la riqueza que podemos obtener de ella:

«Asimismo el Reino de los Cielos es como un comerciante que busca perlas finas y, cuando encuentra una perla de gran valor, va y vende todo cuanto tiene y la compra» (Mt 13, 45-46).

EL QUE BUSCA, ENCUENTRA

En pocas líneas esta parábola nos aporta una idea muy sugestiva y cautivadora. En ella, el Señor destaca una actitud inspiradora para nuestra vida a través del ejemplo de un comerciante de perlas finas. Es una actitud sencilla de aprender, pero con gran sentido de propósito: *el que busca, encuentra.*

Si buscas una cosa valiosa, atractiva, novedosa, única, diferente, inédita, original, excepcional y todos los adjetivos calificativos que convierten una pequeña piedra en algo fuera de serie, tarde o temprano la encontrarás, y será un gran acontecimiento. Un momento muy feliz. El gozo supremo de haber encontrado una joya maravillosa, por la que merece la pena desprenderse de todos los bienes y hacerse con ella.

Ese hallazgo tan particular, representa una ocasión singular, una cautivadora sorpresa y una circunstancia profundamente esperada, que llena de fascinación los sentidos. Esa emoción de descubrir la finura en medio de lo convencional, puede colmar nuestros sentidos y movernos a realizar acciones excepcionales.

En el breve relato que nos ocupa, el comerciante se dedica a una tarea muy especializada: buscar perlas finas. Ese es su oficio. Así se gana dignamente su vida. Por lo que buena parte de su energía la dedica a comprar y vender perlas, preferentemente de gran valor.

Es posible que lleve ya un buen tiempo dedicándose a este trabajo y, seguramente, tiene un amplio conocimiento y sensibilidad para identificar las cualidades de una perla extraordinaria respecto a las que son comunes y sin mayor valor. Dar con una joya así es un don muy apreciado que requiere talento, trabajo y sensibilidad para reconocer sus particularidades.

¿Qué atributos hacen que una perla sea fina y valiosa? Según el Instituto de Gemología de Norteamérica (GIA) el valor de una perla lo determinan siete factores: tamaño o talla, forma esférica, colores naturales, grosor del nácar, lustre o reflejo, pureza de la superficie, y emparejado (Cfr. GIA, 2002-2024).

Podemos presumir que el protagonista de la parábola tuvo que emplearse a fondo hasta conseguir una de gran valor. Pero una vez la encontró, puso todo su empeño en hacerse con ella. Tanto así, que *«va y vende todo cuanto tiene y la compra»* (Mt 13, 46).

¿Qué maravilla de perla habrá encontrado, para apostar todos sus recursos en esta en particular? Pienso que una perla bella, única y extraordinaria, como ninguna otra que haya visto antes en su vida. Una perla tan singular por la que merece pagar el precio que sea.

> Una perla tan singular por la que merece pagar el precio que sea

Esa perla es el *Reino de los Cielos*. La enorme riqueza de gozar de la vida eterna. El premio mayor por el que cada día luchamos por merecer y ganar la partida. Esa VIDA plena y con mayúsculas, es la recompensa que Dios concede a quien le ama y cumple su voluntad, aunque alcanzarla implique renuncias y sacrificios.

Toda la energía, diligencia y determinación puestas en la tarea de obtenerla es apuesta segura, para saborear el triunfo de apreciarla en nuestras manos. No hay nada comparable a la dicha de esta magnífica posesión. En palabras de santo Tomás Moro: «Yo soy como los que nada tienen y todo lo poseen». Lo que significa que aunque no tengamos riquezas materiales, tenemos una riqueza interior que es infinitamente más valiosa.

La buena noticia es que aquellos que ponen su esperanza en Dios, tienen una carta a su favor que les alienta a darlo todo y no quedarse atrás en su faena de lograr ambiciones nobles. Como bien dice la escritura, «los que esperan en el Señor renuevan su fuerza, echan alas como las águilas, corren y no se fatigan, caminan y no se cansan» (Is 40,31). Esos que buscan lo bueno, bello y verdadero, tarde o temprano logran descubrir la perla preciosa, la piedra filosofal de su existencia.

Por el contrario, los que centran su vida en acumular bienes y fortuna, invierten todas sus fuerzas para materializar su insaciable anhelo de riqueza. La paradoja es que el dinero cambia de manos con facilidad y muchas veces solo aporta una falsa ilusión de seguridad, de la que no siempre podemos evadirnos y advertir a tiempo.

Quien solo aspira al placer de gozar de los frutos del trabajo, que es algo bueno, legítimo y necesario, muchas veces termina sucumbiendo a la trampa de solo vivir para trabajar, en lugar de trabajar para vivir. Es la tragedia de convertir los medios en fines y quedar deslumbrado por el oropel de cosas insustanciales, efímeras y aparentes.

MAL NEGOCIO: CONVERTIR MEDIOS EN FINES

Acaso no sucede en nuestra realidad humana que nos afanamos tanto en conseguir bienes de uso personal y diversas posesiones materiales, como vehículos, casas y dinero en efectivo, que se nos va toda la vida en ello. Trabajamos, ahorramos, nos endeudamos, o peor aún, nos peleamos, robamos y matamos entre sí, por tener medios de riqueza y propiedad, que no necesariamente nos satisfacen plenamente.

Otras veces, quizá hemos ganado importantes recompensas o bonificaciones, heredado bienes de familiares o ganado la lotería, lo cual nos hace tener recursos para negociar, invertir, custodiar o gastar en mil y un cosas, que al final de nuestra existencia se quedarán en las manos de otros o en documentos legales, sin que nada de esas posesiones haya saciado nuestro anhelo más profundo de felicidad.

Incluso, es habitual que después de una larga vida dedicada al trabajo, en la que se han ido guardando sistemáticamente los ahorros para gozar de ellos en la jubilación y los llamados «años dorados», estos soñados fondos se terminen ocupando en cubrir los gastos de una emergencia médica personal o para rescatar de una calamidad económica a un familiar cercano. Todo lo cual es justificable, digno y oportuno, pero que significa un giro inesperado al fin original buscado.

En otras palabras, ese persistente afán de tener, poseer y retener, dirigido a garantizar una seguridad económica y disfrutar de la vida en todo tiempo y lugar, muchas veces se convierte en un fin en sí mismo, y no en un medio que nos permita vivir bien y libre de ataduras. Es una apuesta que no siempre sale como uno espera.

De hecho, a pesar de toda esa inversión de energía, tiempo, talentos y recursos, es probable que jamás encontremos la perla de gran valor que alguna vez soñamos conseguir, porque perdemos enfoque y nos distraemos en buscar baratijas y gemas de fantasía.

AMBICIONES NOBLES

Como hemos dicho, lo peor es poner el corazón en tantas cosas inútiles y de escaso valor que nos ilusionan fugazmente y nos apartan de lo más importante: santificar nuestra vida con ambiciones nobles, que nos hacen ganar el pase a la vida eterna.

Uno a veces se deja ir tras la lentejuela que brilla en el camino, y se va tras ella pensando que es una pepita de oro o una piedra preciosa de gran valor que está al alcance de quien llegue primero. Pero al tenerla entre los dedos, uno descubre que es un simple pedacito de plástico que carece de valor y, peor aún, hizo que me saliera del camino, consumió mis energías, pensamientos y sensaciones, a tal grado de desear hacer realidad esa fantasía.

Por eso, qué importante es tener un listado de proyectos o ambiciones nobles. Somos nosotros los que podemos levantar la vista al horizonte de nuestra vida y darle sentido a la propia identidad. Ese elenco de ambiciones nobles incluye forjar una carrera que nos permita desarrollar dones, talentos y aptitudes, enamorarnos y hacer realidad un proyecto de familia, sacar adelante a los hijos, convertir los conocimientos y experiencias en un vehículo de superación y emprendimiento, desarrollar nuestras potencialidades, vivir a tope nuestra fe, pero especialmente, hacer el bien en cualquier circunstancia o iniciativa en la que formemos parte.

> Somos nosotros los que podemos levantar
> la vista al horizonte de nuestra vida y
> darle sentido a la propia identidad

Al respecto, son de gran riqueza estas líneas que nos propone Jacques Philippe. «Todo hombre, toda mujer, está en busca de su identidad, de su personalidad profunda. ¿Quién soy yo? Es una pregunta que a veces se hace con angustia en mitad de la vida. Ha procurado construirse una personalidad, realizarse, según sus aspiraciones íntimas, según también los criterios de éxito que propone el contexto cultural en que vive. Se ha entregado en el trabajo, la familia, los amigos, en responsabilidades diversas A veces hasta el agotamiento. Sin embargo, se ve vacío, insatisfecho, en la duda: ¿Quién soy en verdad? ¿Todo lo que he vivido hasta hoy expresa bien lo que soy?» (Philippe, 2014).

Este es un momento oportuno para darle sentido de propósito a nuestra vida y ponernos metas inspiradoras, que nos hagan ir hacia adelante y encontrar eso que llena de ilusión y contenido cada uno de nuestros días.

Si lo pensamos bien, cada persona es artífice de su propia transformación. Lo que supone bucear en el interior para descubrir sus verdaderos propósitos y potencialidades, pero también sus propios límites y temores más profundos. Identificar quién es cada uno, en su interior, ocupa una parte importante del tiempo que toma forjar la propia identidad.

APRENDER, EMPRENDER Y TRASCENDER

Así como el comerciante va en busca de la perla fina, la encuentra, va y vende todo cuanto tiene y la compra. De igual modo, la vida espiritual es un proceso que requiere asumir la iniciativa, perseverar en la búsqueda de Dios y, al encontrarnos cara a cara con Él, estar dispuesto a cambiar el viejo yo y robustecer mi identidad para seguirlo y amarlo.

Esa lucha tenaz por despojarme del lastre de mis habituales caprichos y fragilidades, que me retienen cautivo en mi prisión interior, es una tarea que exige fortaleza y sólidas convicciones. «Las convicciones no perviven si no tienen ocasión de luchar, y yo, por mi parte, tengo sólidas convicciones» (Mann, 2020). ¿Qué tan sólidas son esas convicciones? ¿Estás dispuesto a luchar por ellas contra el ambiente, y sobre todo, contra ti mismo y las pasiones que te tiran para abajo?

Resulta poco acertado quedarse saboreando las mieles de los triunfos pasados, las pequeñas hazañas en las que fuimos héroes o el botín capturado después de haberle doblado el brazo a nuestros rivales más débiles. Incluso, podemos estar regodeándonos de victorias pírricas que nos hacen sentir ufanos y jactanciosos, pero que nos dejaron cicatrices y graves heridas en el rostro y el corazón. Esos trofeos de guerra son a menudo, nuestras posesiones más queridas, porque simbolizan el dominio del viejo yo sobre cualquier impulso de transformación personal.

Son como pequeños ídolos que nos vamos fabricando a partir de la imagen concebida de nuestra personalidad. «Se pueden idolatrar muchas cosas sin darnos cuenta: personas, trabajo, la adquisición de un título, el reconocimiento de algunas competencias, el éxito, el amor, el placer. Pueden ser cosas buenas en sí mismas, pero no debemos pedirles más de lo que es legítimo pedirles. La idolatría nos hace perder siempre una parte de nuestra libertad. Los ídolos decepcionan: se acaba con frecuencia por odiar lo que antes se adoraba» (Philippe, 2014).

Es preciso cultivar un espíritu de desprendimiento de esas situaciones que nos esclavizan y empobrecen. La vida es muy corta y fugaz para estar aferrados a las cosas materiales y relaciones tóxicas que nos rodean. Esas se arruinan, se estropean, se acaban, se van, se pierden y desgastan con el tiempo. Solo las virtudes que se forjan en nuestro interior, a base de luchar por ellas, nos llevan a gozar del bien, la felicidad y seguridad que Dios nos da. Es una manera diferente de entender la vida.

La vida es muy corta y fugaz para estar aferrados a las cosas materiales y relaciones tóxicas que nos rodean

Trabajar por lograr cosas es lícito y bueno, pero no podemos basar nuestra dicha en esos placeres efímeros y pasajeros. Vivamos hoy, seamos felices hoy y no hagamos depender esa felicidad de vivir de un montón de pequeñeces que nos impiden volar como las águilas y ver las cosas con mirada panorámica. Al respecto, me viene a la mente esa frase de Fiódor Dostoyevski en *Los Hermanos Karamazov*: «Los hombres quieren volar, pero temen al vacío. No pueden vivir sin certezas. Por eso cambian el vuelo por jaulas. Las jaulas son el lugar donde viven las certezas» (Dostoyevski, 2021).

Entonces, si hay tanto en juego, ¿qué pasos requiere este proceso de renovación interior? Lo primero es tener disposición de *aprender* a reconocer los puntos fuertes y débiles de nuestra identidad. Luego *emprender* la ruta trazada para poner en acción los propósitos que inspiran nuestros pasos e impulsan a buscar a Cristo. Y finalmente, fortalecer la voluntad para perfeccionar las virtudes que nos permitan *trascender* y llegar a Dios con un espíritu renovado. «Convéncete, hijo, de que Dios tiene derecho a decirnos: ¿piensas en Mí?, ¿tienes presencia mía?, ¿me buscas como apoyo tuyo?, ¿me buscas como Luz de tu vida, como coraza, como todo?» (Escrivá, 1998).

Dicho de otra forma, esta trilogía de términos nos permite darle un nuevo significado a la vida:

- *Aprender* significa admitir que no lo sabemos todo, que nos hace falta conocernos mejor, comprender nuestros límites y estar abiertos a las posibilidades. Lo cual nos ayudará a adquirir más y mejor formación, para entender el mundo en el que vivimos y ser factor de cambio.

- *Emprender* supone tener un mapa de ruta y una buena brújula, para dar pasos en la dirección correcta y recorrer el camino óptimo. Una combinación de dirección, inspiración y situación que contribuyan a alinear metas y propósitos en beneficio de un ideal superior.

- *Trascender* implica dejar una huella en el tiempo, que supere el inexorable manto del olvido. Una impronta tan clara, que permanezca robusta en los jardines de la memoria. Algo así como decía Mark Twain: «Vivamos de tal manera que cuando muramos, incluso los de la funeraria lo lamenten». En definitiva, tener una vida lograda.

UNA VIDA LOGRADA

Como nadie nace aprendido y cada cabeza es un mundo, es natural que la experiencia se convierta en maestra de vida. Aprender de los errores suele ser el método pedagógico que más se repite en la historia de los seres humanos. En palabras de Enrique Rojas, «la derrota enseña lo que el éxito oculta».

La búsqueda de la sabiduría es siempre una ruta con curvas, rectas, subidas y bajadas, frenadas en seco y derrapadas en suelo liso. Hay de todo en la ruta del saber. Eso sí, una vez hemos pasado por el mismo lugar una y otra vez, lo mínimo es conocer de memoria los puntos de peligro, los altos, los agujeros y túmulos del camino. Solo quien se pone en marcha y empieza a conducir, sabe las condiciones de la ruta y las encrucijadas que se puede encontrar.

Al hilo de esa idea, en el libro *Hábitos atómicos* (Clear, 2019), el autor cuenta la historia de *Jerry Uelsmann*, profesor de la Universidad de Florida, que el primer día de clases dividió a sus estudiantes de fotografía cinematográfica en dos grupos: uno *cuantitativo* y otro *cualitativo*.

Los alumnos del grupo *cuantitativo* lograrían sus calificaciones según la cantidad de trabajo que fueran capaces de producir a lo largo del semestre: cien fotos equivaldrían a una nota de A; noventa fotos, a B; ochenta fotos, a C, y así sucesivamente. Mientras que los del grupo *cualitativo* obtendrían su calificación basada en la excelencia de su trabajo. En otras palabras, solo tenían que producir una foto durante el semestre, pero para obtener una A de nota, tenían que entregar una foto que fuera casi perfecta (Cfr. *Ibídem*).

Al final del semestre ocurrió una sorpresa: las mejores fotos fueron producidas por los alumnos del grupo *cuantitativo*. ¿Cómo lograron fotos de mejor calidad? «Durante el semestre estos alumnos habían estado ocupados tomando fotos, experimentando con la composición y la iluminación, probando distintos métodos de revelado en el cuarto oscuro y aprendiendo de sus propios errores. Mientras, el grupo *cualitativo* se sentó a especular sobre la perfección. Al final, tenían poco que mostrar como resultado de su esfuerzo, excepto algunas teorías que no podían verificarse y una foto mediocre» (Clear, 2019).

La lección de esta historia es que siempre es más fácil teorizar o trazar la trayectoria mental, sin considerar riesgos o circunstancias inesperadas. Craso error, porque lo mejor es enemigo de lo bueno, y no es de sabios dejar todo a cómo vaya surgiendo e improvisar en el itinerario o plan de acción. Así, se nos va la vida, pensando en proyectos y llenando folios enteros de intenciones, pero sin ponernos jamás manos a la obra.

Es como vivir en el mundo de los «*yo quisiera*» en lugar de estar instalados en el de los «*yo quiero*». En esa nebulosa de aspiración y fantasía, no siempre se logra despertar del sueño y poner los pies en la tierra para hacerlo realidad. Si ese es el caso, hay que pedirle a Dios que nos inspire la audacia de ir tras la perla fina y hacer todo lo que esté a nuestro alcance para hacernos con ella. Le decimos alto y claro: Concédenos, Señor, la sabiduría del corazón, para ser prudentes en las decisiones, sensatos para rectificar y ágiles para acertar en las prioridades.

> Hay que pedirle a Dios que nos inspire la audacia
> de ir tras la perla fina y hacer todo lo que esté
> a nuestro alcance para hacernos con ella

Tiene tanto sentido perseverar por hacer de nuestra existencia una vida lograda. Una vida que es un compendio de haber sacado fruto de las lecciones aprendidas en épocas de frío y calor, de fuertes tormentas y serenas madrugadas, de la capacidad de ser humilde y magnánimo, y apostar todo por la perla que más vale la pena. «Estoy convencido de que siempre habrá quien entienda la dicha de perder para ganar, de darse para encontrarse, de amar con grandeza de alma» (Llano, 2002).

Lo bueno es que para vivir de este modo no es preciso estar entrado en años o tener muchos conocimientos. Cualquier edad es propicia para poner en práctica las virtudes. Es verdad que en la juventud se tienen muchos sueños y deseos de lograr cosas grandes, pero en cada etapa de la vida podemos hacer la diferencia en el lugar que nos ha tocado vivir.

En el siguiente capítulo, seguimos atentos a la voz de Jesús y a interiorizar su palabra, que nos propone una enseñanza para asimilar las preocupaciones diarias y afrontar con garbo las flaquezas personales.

5
«Preocupaciones diarias, ¡flaquezas!»
(La parábola de *la oveja perdida*)

«Habrá en el cielo mayor alegría por un pecador
que se convierta que por noventa y nueve justos
que no tienen necesidad de conversión»
(Lucas 15, 3-7)

Continuamos avanzando tras las huellas de Jesús, que hace un alto para señalarnos un pozo para lavar nuestra cara, refrescarnos un poco y saciar la sed. El agua es fresca y cristalina, y nos deja una agradable sensación en la boca.

El Señor se acerca a cada uno y nos dice que Él nos dará *agua viva*, para no tener sed nunca más. Y esa promesa se cumple cada vez que su palabra nos permite profundizar en la oración, como quien saca agua de un pozo inmenso o de una fuente inagotable que refresca el alma y los sentidos.

Ahora que hemos retomado el camino, Jesús nos cuenta la hermosa parábola de *la oveja perdida*, que trata acerca de una persona, talvez un pastor, que tiene cien ovejas y se le pierde una, y que va tras ella hasta encontrarla. La parábola inicia con una segura determinación de recuperarla:

¿Quién de vosotros, si tiene cien ovejas y pierde una, no deja las noventa y nueve en el campo y sale en busca de la que se perdió hasta encontrarla? Y, cuando la encuentra, la pone sobre sus hombros gozoso, y, al llegar a casa, reúne a los amigos y vecinos y les dice: «Alegraos conmigo, porque he encontrado la oveja que se me perdió». Os digo que, del mismo modo, habrá en el cielo mayor alegría por un pecador que se convierta que por noventa y nueve justos que no tienen necesidad de conversión (Lc 15, 3-7).

IR TRAS LA OVEJA PERDIDA

Este magnífico relato que nos habla de la inagotable misericordia de Dios, también podría llamarse la parábola del *pastor compasivo*, que a pesar de los riesgos de la empresa va en busca de la oveja extraviada en el campo. No sabemos cómo ésta se perdió, pero sí el esfuerzo que realiza el pastor hasta traerla de regreso.

Siguiendo el orden del relato, el Señor comienza la parábola con una pregunta, que da por hecho la búsqueda de la oveja perdida. Cualquiera podría pensar que es una apuesta llevada al extremo por una sola oveja, pero en realidad esa oveja somos cada uno de nosotros, cuando nos alejamos de la vista de nuestro Señor y nos perdemos a causa de nuestros descuidos, confusiones, preocupaciones y, ciertamente, también por nuestras necedades y flaquezas.

Ir tras la oveja perdida supone un ejercicio de mucha fe para el pastor, porque no obstante desconoce su paradero, tiene la convicción de hacer lo que sea preciso hasta encontrarla y traerla de regreso. No nos dice que hará una búsqueda rápida o superficial, sino una labor a conciencia hasta dar con ella.

Sin duda alguna, requiere mucha fe hacer todo este despliegue por solo una oveja, cuando esto supone dejar a las noventa y nueve restantes completamente solas en el campo, sin nadie que las mire o las cuide en su ausencia. Incluso, podría verse como algo temerario de su parte poner en riesgo al resto del rebaño por recuperar «sana y salva» a una oveja perdida.

Sin embargo, el mensaje que nos transmite desde estas primeras líneas es algo maravilloso y rebasa toda lógica humana: la vida de cada oveja merece todo el esfuerzo y sacrificio posible del pastor, hasta dar con ella y traerla con bien. No tiene en mente darse por vencido así sin más, sino que tiene un objetivo por el que está dispuesto a entregarse por completo.

La buena noticia es que la decisión de ir tras ella resulta exitosa y después de un tiempo de búsqueda, la encuentra oportunamente. Lo cual es una gran satisfacción. Pero aún va más allá, porque le brinda toda la ayuda necesaria para el regreso: *«y, cuando la encuentra, la pone sobre sus hombros gozoso»* (Lc 15, 5).

Y es tanto su regocijo por haberla encontrado, que comparte la buena nueva con quienes le conocen: *«y, al llegar a casa, reúne a los amigos y vecinos y les dice: "Alegraos conmigo, porque he encontrado la oveja que se me perdió"»* (Lc 15, 6). No cabe duda de que para el pastor es un acontecimiento muy alegre, porque recupera con vida a la oveja extraviada y, gracias a ello, cumple la misión que se había propuesto.

Es la certeza de no dar a nadie por perdido y dejarlo a su suerte. Resulta formidable leer la conclusión de la parábola en la que Jesús nos propone esta idea tan esperanzadora: *«Os digo que, del mismo modo, habrá en el cielo mayor alegría por un pecador que se convierta que por noventa y nueve justos que no tienen necesidad de conversión»* (Lc 15, 7). Emociona saber que a pesar de nuestros errores y equivocaciones, Dios jamás nos da por perdidos y busca la forma de traernos de vuelta al redil.

Es la certeza de no dar a nadie
por perdido y dejarlo a su suerte

EQUIVOCAR EL CAMINO

Vuelvo al instante en el que la oveja se perdió y alejó de la vista del pastor. En cierta manera, perderse en el campo o una montaña es algo muy sencillo y real, porque entre tanto arbusto, planta y árbol a su alrededor, es fácil desubicarse, alejarse del grupo, perder de vista el resto de los acompañantes y equivocar el camino.

Si además uno anda distraído pensando en muchas cosas, el ambiente está cargado de nubes y entrando la noche, las posibilidades de extraviarse se multiplican. Basta un descuido, una decisión a la ligera y la tragedia está servida. ¡Cuántos hemos aprendido por las duras cuando nos hemos perdido momentáneamente en un lugar solitario y desconocido!

La sensación es terrible y la soledad cae como un gran peso encima de los hombros del extraviado. Uno procura darse ánimos y decirse que todo va a estar bien y que pronto estará con los demás, pero por dentro el temor va aumentando a medida que el tiempo avanza. El miedo a caer en un hoyo o ser presa fácil de una víbora o una fiera ronda la cabeza y es un momento de gran vulnerabilidad.

Quizás has tenido ocasión de escalar una montaña o un volcán con amigos o familiares. Al principio, la sensación de aventura supera toda inquietud e incertidumbre, y las energías parecen abundar para acometer el ascenso. Si la travesía es en plena luz del día, lo básico es llevar suficiente agua y comida, bloqueador solar, repelente contra mosquitos, un buen sombrero, ropa y zapatos adecuados para caminar en cualquier terreno, así como un pico para asegurar bien el paso. Cuando es de noche, además de lo anterior, hay que llevar una lámpara frontal, un cubrebocas para no comer polvo y un buen abrigo para soportar el sereno o frío nocturno.

Pero si el lugar es desconocido, alto y frondoso, lo que no puede faltar jamás es un buen guía, porque la posibilidad de perderse en la ruta es grande. Además, siempre es bueno contar con una persona que conoce el camino y los riesgos latentes. Alguien así, sabe dosificar las energías, conoce atajos para ahorrar tiempo y claves para llegar con éxito a la cumbre.

Caso contrario, a medida que se avanza, se tiene la percepción que se ha elegido la peor ruta o que se está dando vueltas en círculos por el mismo camino, lo que significa estar perdido. Lo peor es distanciarse del resto del grupo y tomar el desvío equivocado, porque si eso sucede, la sensación es agobiante y llena de peligros. En este caso, lo mejor es mantener la calma, regresar por una ruta conocida, descansar en áreas iluminadas y seguras, considerar una estrategia de emergencia que me permita encontrar la salida y regresar cuanto antes al punto de partida.

Si en el camino de regreso, encuentro a algún compañero de expedición o a otro grupo de montañistas, lo mejor es pedir ayuda y sumarme al nuevo equipo para tener compañía, ya sea para seguir en la senda hasta la cumbre o para encontrar un lugar seguro donde esperar a mi grupo de amigos. Serenidad, calma y mente fría.

Sin embargo, cuando se está perdido, la mente juega sucio y entra la desesperanza de quedarse solo y no hallar jamás la salida. La clave es mantener la fe y poner los medios para encontrar el buen camino, mientras cuido mi integridad y condición física. Porque si la confianza falla y las piernas se cansan, es peligroso sentirse abandonado a la suerte, pasar mucho frío o torcerse un tobillo.

> La clave es mantener la fe y poner los medios
> para encontrar el buen camino, mientras
> cuido mi integridad y condición física

Igual sucede en la vida real de una persona. Uno comienza jugando, exponiéndose a la aventura, coqueteando con el peligro y descuidando detalles de seguridad, hasta que toma el rumbo equivocado y se sale del camino trazado. Ese rumbo equivocado inició quizás con pequeñas tentaciones y cediendo a una serie de fragilidades personales. Es la historia de la condición humana. Que incluso se complica todavía más, cuando se carece de un guía o director espiritual, así como de referencias esenciales y de la suficiente sensatez para enfrentar los peligros.

TENTACIONES Y FRAGILIDADES

En los pies de un neófito o poco experimentando escalador se presentan tres tentaciones posibles cuando está solo en lo más álgido de la montaña: parar la marcha por el cansancio, darse la vuelta y renunciar al ascenso, o seguir adelante hacia donde sea a pesar de las graves consecuencias que eso pueda implicar.

Ninguna de esas tres tentaciones llena de satisfacción al interesado, porque significa ir en contra del proyecto original de llegar bien a la meta y hacer cumbre. Representan contradicciones que producen una gran desazón en el ánimo y la razón de cualquier novel montañista, para aspirar a lo más alto.

En la vida personal sucede algo similar. Las tentaciones se presentan a medida que uno va agotando etapas del camino y aparecen como vías de escape o evasión, para no enfrentar la realidad y pechar con la propia responsabilidad. El espíritu resiliente ante la adversidad empieza a colapsar y surgen las preocupaciones ante la incertidumbre, que solo ofrece temores y ansiedades.

No hay atisbo de soluciones coherentes y sensatas, y se privilegia la salida fácil para saborear cosas de inmediato. Uno empieza a fabricarse sus propias novelas con autoengaños y justificaciones, y ya desde el principio se ve que la cosa va a terminar mal. «Chéjov dice que cuando sentimos mayores tentaciones de mentir es en los inicios y los finales de las historias» (Stegner, 2008).

En este caso, las fragilidades surgen como respuesta al tedio que produce lo habitual y rutinario. La persona busca nuevas opciones de diversión y se enreda con placeres fáciles y efímeros, que no llenan ni edifican, pero producen gratificaciones instantáneas. Estas dosis de placer, activan pequeñas recompensas que el cerebro toma como premio a su deseo. Y tristemente, el cuerpo en este estado frágil y dependiente, aspira a nuevos estímulos y sensaciones, cada vez más intensas y progresivas. «Cuando falta el sentido, se busca sustituirlo por la sensación» (Philippe, 2014).

> «Cuando falta el sentido, se busca
> sustituirlo por la sensación»

Es la ruta de los vicios y adicciones, que inhiben la libertad del ser humano y lo esclavizan con experiencias y sensaciones que alteran su inteligencia y voluntad. Sucede con sustancias químicas, pornografía, sexo, adicción al uso de redes sociales y juegos electrónicos, y a una variedad de ludopatías. En ese estado de debilidad, el cuerpo humano parece indefenso para reaccionar y recuperarse de la caída. «Los neurólogos han descubierto que cuando las emociones y los sentimientos están afectados, perdemos la capacidad de tomar decisiones. Cuando esto sucede, no tenemos señales que nos indiquen qué debemos conseguir y qué debemos evitar» (Clear, 2019).

Así también, otra forma de fragilidad es darse por vencido con los compromisos establecidos. Se rompen las reglas de la lealtad y confianza, y caen una tras otra las puertas de la fidelidad y el amor limpio. Las traiciones dejan un rastro de suciedad y tristeza, que resulta complejo superar cuando se han invertido las prioridades y se ha perdido el sentido del honor. Es bien sabido que muchas satisfacciones no colman jamás las ansias de felicidad.

En otros casos, la fragilidad es continuar por un camino peligroso e incierto, que busca alcanzar el éxito a cualquier precio, incluso con el riesgo de perderlo todo. Es el caso de quienes se asocian con malas compañías o se involucran en actividades ilícitas, para conseguir fortuna en poco tiempo o hacerse con fama y poder. En una situación de esta naturaleza, todo es inestable e incierto, y nada garantiza que haya un giro en los acontecimientos que provoque consecuencias indeseadas para el protagonista.

Al final, ninguna de estas y otras fragilidades aporta gozo y satisfacción plena a la persona, porque están basadas en sensaciones superficiales y carencias, que no tienen ningún asidero profundo. La conclusión más evidente es que «nuestro mundo sufre un gran vacío espiritual, y me impresiona ver cómo este vacío interior impulsa a una búsqueda frenética de satisfacciones sensibles» (Philippe, 2014).

Como bien dice san Josemaría Escrivá, «estas crisis mundiales son crisis de santos» (Escrivá, 1998), lo que significa que la respuesta está en cada uno de nosotros, para recuperar el sentido cristiano de la vida. Con una idea parecida ya lo había identificado san Agustín en los primeros siglos del cristianismo: «Dicen que los tiempos son malos, difíciles. Vivamos bien y los tiempos se volverán buenos. ¡Nosotros somos los tiempos! ¡Los tiempos son lo que somos nosotros» (San Agustín, 1983). Lo cual indica que este asunto de las tentaciones y fragilidades del ser humano nos afecta a todos y en diversas circunstancias. Pero somos nosotros los artífices del cambio y la conversión.

> «Dicen que los tiempos son malos, difíciles.
> Vivamos bien y los tiempos se volverán buenos.
> ¡Nosotros somos los tiempos!
> ¡Los tiempos son lo que somos nosotros»

Hay quienes piensan que cuando se está cerca de Dios dejan de haber tentaciones, pero realmente sucede todo lo contrario. «Tentación es la vida del hombre sobre la tierra» dice el libro de Job, lo cual implica que siempre estamos expuestos a ellas. Por eso, nuestra actitud debiera ser de combate y lucha heroica, no tanto para enfrentarnos frontalmente a ellas o buscarlas temerariamente, sino para evitar ponernos en situación y aprender a evitarlas. Sin embargo, eso no siempre es posible lograrlo, pues lo normal es aprender a enfrentarlas con paciencia y espíritu deportivo.

Si lo pensamos bien, las tentaciones tienen su grado de utilidad, porque nos enseñan la lección de ser humildes y saber estar en guardia, pues debido a nuestro ego es fácil caer rendido a ellas. Nos enseñan cuáles son nuestros puntos débiles y dónde tenemos puesto el corazón, y al tener ese autoconocimiento nos hacemos fuertes y permite aplicar la virtud de la prudencia, que nos hace elegir los fines y medios eficaces para nuestra vida. Uno de estos medios, tiene que ver con reforzar nuestro sentido de lucha.

SENTIDO DE LUCHA

En la vida interior y en toda ocasión, perseverar es de sabios. Nos hace afincar en la fe y profundizar en la vida de oración, a tal grado de purificar cada buena intención que tenemos y el anhelo de ser un poco mejor cada día, a pesar de los momentos de adversidad o aridez que enfrentemos. Y una vez logramos esa consistencia en el orden de nuestras ideas, palabras y acciones, podemos gestionar mejor los impulsos internos del corazón, que a menudo es la fuente de donde surgen ciertas tentaciones y fragilidades personales, como el egoísmo y el afán de seguridad con la que queremos controlarlo todo.

Pero también hay que estar claros que muchas de las tentaciones, provienen de fuera, de los ejemplos que aprendemos de los demás, de lo que circula en los medios de comunicación y en las redes sociales, de los desatinos en los ambientes frívolos y superficiales. En definitiva, es en el entorno privado de cada uno, donde se realiza el asedio e invasión de nuestra morada interior.

Entonces, ¿qué hacemos para contrarrestar este ataque furtivo y tenaz? Protegemos el núcleo desde dentro, de tal modo que prevalezca la rectitud de intención y la permanente disposición de hacer reinar a Dios en nuestro corazón. ¿Cómo lo hacemos? Aumentando la presión interior, que nos haga capaces de ir por la vida con la entereza de hacerle frente a la presión exterior.

> Protegemos el núcleo desde dentro,
> de tal modo que prevalezca la rectitud de
> intención y la permanente disposición de
> hacer reinar a Dios en nuestro corazón

Te lo explico con un ejemplo. Los trenes antiguos que recorrían la Pampa argentina, transitaban largas distancias a través de una extensa llanura extremadamente plana, en la que era habitual circular por una zona de valles poco profundos con abundante grava o materia volcánica, que tiene una consistencia porosa, como un polvo fino o ceniza. En esos viajes, por mucho que los pasajeros quisieran evitarlo, terminaban bañados en polvo de pies a cabeza. Lo cual era terrible y nada gratificante para los viajeros.

Así que los responsables de la red ferroviaria, intentaban por diversos medios tapar las entradas de las puertas y reforzar las ventanas, para evitar que entrara el polvo a los vagones. Pero el resultado era siempre el mismo: el polvo se introducía inexorablemente por los pequeños orificios, las rendijas de las puertas y espacios disponibles en el tren. Era algo incomodo y desesperante para conductores y pasajeros.

Finalmente, un ingeniero lo pensó bien. La clave no solo era tapar bien las puertas y ventanas, sino más bien aumentar la presión interior de la cabina en los vagones, para conseguir que fuera más fuerte que la presión externa que provocaba que el polvo entrara al interior del tren. En efecto, si la presión interior es mayor, ese incremento supera la velocidad con la que viaja el aire fuera del tren en movimiento.

En este sentido, toda vez que reforzamos la presencia de Dios en nuestro interior a través de la oración y actitud contemplativa, dotamos de fortaleza espiritual a nuestra alma para enfrentar las diversas tentaciones que provienen de fuera. «Es el secreto de un cristianismo realmente vital, que no tiene motivos para temer al futuro, porque vuelve continuamente a las fuentes y se regenera en ellas» (San Juan Pablo II, 2001).

ABANDONARSE EN DIOS

Por lo tanto, hoy y siempre, el secreto de una vida plena es encontrarse a Dios en lo más profundo de su ser, para recuperar el control de su vida y saborear el gozo de un sabio abandono en su corazón de Padre.

Porque como bien reza esa oración de hijo, abandonarse en Dios es fuente inagotable de descanso y confianza en quien mejor nos conoce y ama: «Señor, Dios mío: en tus manos abandono lo pasado y lo presente y lo futuro, lo pequeño y lo grande, lo poco y lo mucho, lo temporal y lo eterno» (Escrivá, 1998). Y con la plena confianza de ser su hijo, cada uno puede decirle: «Me abandono en Ti, descanso en Ti, confío en Ti».

> Abandonarse en Dios es fuente inagotable
> de descanso y confianza en quien
> mejor nos conoce y nos ama

Si nos fiamos de su palabra y de su promesa, aunque estemos agobiados por mil amenazas y peligros, sabemos que podemos contar con su ayuda para escalar la montaña más alta, hacer cumbre y regresar bien al punto de partida.

Lo mejor es que si nos toca regresar en sus hombros, tenemos la certeza que al final del camino habrá fiesta y regocijo, por habernos encontrado a salvo en medio de lo más inhóspito de la montaña. Como bien reza el salmo 22(23): «El Señor es mi pastor, nada me falta. En verdes prados me hace reposar; hacia aguas tranquilas me guía; reconforta mi alma, me conduce por sendas rectas por honor de su Nombre. Aunque camine por valles oscuros, no temo ningún mal, porque Tú estás conmigo; tu vara y tu cayado me sosiegan».

En el próximo capítulo, haremos un breve repaso de las enormes bendiciones que derrama Jesús sobre nosotros. Le damos gracias por tanto bien que nos prodiga en cada momento de nuestra vida y le pedimos que siga mirándonos con ojos de predilección a pesar de nuestra soberbia, terquedad y falta de correspondencia.

6

«Hacimientos de gracias y peticiones»
(La parábola *del fariseo y el publicano*)

*«Oh Dios, ten compasión de mí,
que soy un pecador»*
(Lucas 18, 13)

Hemos recorrido un buen tramo del camino siguiendo los pasos de Jesús y continuamos disfrutando la riqueza de su palabra. A lo largo de este trayecto, hemos contemplado su misericordia en pequeños y grandes detalles, que relucen por su discreción y naturalidad. Nos hemos sentido felices al percibir la infinita sabiduría de su corazón, que nos ilumina a cada paso con el esplendor de su verdad.

Al llegar a este punto del camino, se detiene a reflexionar sobre el valor inmenso de la oración. Es muy conocido su amor a ese espacio de recogimiento y conversación con Dios, lo cual reafirma con ideas llenas de sencillez y humildad.

Porque a su modo de ver, la oración debe ser un momento de gran intimidad y cercanía, como esa relación de serena confianza de un hijo que conversa con su padre. Pero ante todo, nos aconseja que esté alejada de todo afán de notoriedad, grandilocuencia o abundancia de palabras. Lo que nos pide es que sea una oración sincera y confiada: «Cuando oréis, no seáis como los hipócritas, que son amigos de orar puestos de pie en las sinagogas y en las esquinas de las plazas, para exhibirse delante de los hombres; en verdad os digo que ya recibieron su recompensa. Tú, por el contrario, cuando te pongas a orar, entra en tu aposento y, con la puerta cerrada, ora a tu Padre, que está en lo oculto; y tu Padre, que ve en lo oculto, te recompensará. Y al orar no empleéis muchas palabras como los gentiles, que piensan que por su locuacidad van a ser escuchados. Así pues, no seáis como ellos, porque bien sabe vuestro Padre de qué tenéis necesidad antes de que se lo pidáis» (Mt 6, 5-8).

Por eso, con la idea de profundizar en esta reflexión, nos da a conocer el Padre Nuestro, que es la oración más perfecta, porque nos la enseña el mismo Hijo de Dios. Y también, porque en esas cincuenta y seis palabras, está contenido todo lo que podemos pedir, todo lo que podemos necesitar. En esta oración está lo más profundo que desea y anhela nuestro corazón.

Pero su enseñanza es un mar sin orillas, y luego de considerar el reiterado ejemplo de su oración frecuente, nos cuenta la historia de dos hombres que suben al templo a orar. Se trata de la parábola *del fariseo y el publicano*, en la que nos muestra dos modos contrapuestos de hacer oración:

«Dijo también esta parábola a algunos que confiaban en sí mismos teniéndose por justos y despreciaban a los demás: –Dos hombres subieron al Templo a orar: uno era fariseo y el otro publicano. El fariseo, quedándose de pie, oraba para sus adentros: «Oh Dios, te doy gracias porque no soy como los demás hombres, ladrones, injustos, adúlteros, ni como ese publicano. Ayuno dos veces por semana, pago el diezmo de todo lo que poseo». Pero el publicano, quedándose lejos, ni siquiera se atrevía a levantar los ojos al cielo, sino que se golpeaba el pecho diciendo: «Oh Dios, ten compasión de mí, que soy un pecador». Os digo que éste bajó justificado a su casa, y aquél no. Porque todo el que se ensalza será humillado, y todo el que se humilla será ensalzado» (Lc 18, 9-14).

HUMILDAD Y CONTRICIÓN

El Señor nos presenta en esta parábola a dos personas con una actitud marcadamente distinta al hacer oración. Los dos suben a orar al templo, pero su disposición interior es opuesta entre sí. Es el mismo Jesús el que establece una primera diferencia social y religiosa entre ellos: uno es fariseo y el otro es publicano. Los fariseos se consideraban buenas personas y grandes observantes de la ley de Dios; mientras que los publicanos, eran personas que estaban muy mal vistas por su condición social y tipo de vida, porque recaudaban los impuestos para los romanos.

Estando de pie y orando para sus adentros, el fariseo presume ser un hombre justo y generoso a partir de los defectos que ve en los demás, incluso en el prójimo que tiene a su lado, a tal grado de convertirse él mismo en su propio estándar de perfección: *«Oh Dios, te doy gracias porque no soy como los demás hombres »* (Lc 18, 11). Mientras que el publicano se mantiene a distancia en el templo, con una actitud humilde y penitente, reconociendo su condición de pecador con espíritu de contrición y dolor de amor: *«Oh Dios, ten compasión de mí, que soy un pecador»* (Lc 18, 13).

Incluso se golpea el pecho en señal de arrepentimiento. El dolor le abruma, porque se percibe muy lejos de Dios. Su situación es tan desesperada, que lo refleja en su postura y comportamiento. Esa actitud de sensible pesar por sus pecados, le hace al publicano ser apreciado y ensalzado por Jesús en el cierre de la parábola: *«Os digo que éste bajó justificado a su casa, y aquél no. Porque todo el que se ensalza será humillado, y todo el que se humilla será ensalzado»* (Lc 18, 14). Por lo cual, en este relato cobra especial interés la virtud de la humildad.

Se dice que una persona humilde es la que posee riqueza en el corazón y grandeza en el alma, es decir, magnanimidad. No se trata de una pobreza material o de soportar con resignación la maldad de los que no les aprecian, sino de una actitud de respeto, moderación y comprensión de sus propios límites y potencialidades. Porque la humildad no es infravalorarse o mostrar un acusado apocamiento, sino más bien vivir a conciencia un sentido de pobreza espiritual que rebosa de sencillez y mansedumbre.

En gran medida, la lección para tomar en cuenta de esta parábola es comprender que la humildad es la llave de entrada al corazón de Dios. «La única oración que Dios escucha es la del pobre. No la del fariseo, satisfecho de sí mismo y de sus buenas acciones, que agradece a Dios ser mejor que los demás, sino la del publicano que se queda a distancia y se golpea el pecho diciendo: "¡Oh Dios, ten compasión de mí, que soy un pecador!"» (Philippe, 2014).

> La lección para tomar en cuenta de esta parábola es comprender que la humildad es la llave de entrada al corazón de Dios

Además, cuando abrimos nuestra alma y le mostramos nuestras miserias a Dios, somos peregrinos que caminamos por la misericordiosa senda del perdón. Qué bueno saber que Dios juzga y perdona así, como está escrito en el Salmo 51: «Un corazón contrito y humillado, Dios mío, no lo desprecias». Esa certeza de su infinito amor nos conmueve y nos impulsa a la conversión. «La iglesia de Dios sobre la tierra es una gran familia de pecadores perdonados que están constantemente en trance de convertirse y que caminan todos juntos hacia la santidad. Que no haya más reproches, ni más sospechas entre nosotros» (Chevrot, 2011).

En todo caso, siempre es provechoso ser humilde y agradecido por los dones y cualidades que hemos recibido, porque nutren nuestra personalidad y nos dan ocasión de ponerlas al servicio de los demás. Vivir con esta disposición humilde a lo largo de nuestra vida, es un acierto que inspira los pensamientos que tenemos, las obras que realizamos y el trato con las personas que vemos cada jornada.

Dios sabe más

Las comparaciones siempre son odiosas y terriblemente injustas, particularmente cuando los elementos de referencia son desiguales o totalmente opuestos. En materia personal, suele ocurrir algo similar, puesto que cada ser humano es distinto y tiene una biografía única. Por lo cual, no tiene sentido compararse con nadie y, mucho menos, intentar juzgar a partir de las circunstancias personales de cada uno. Muchas veces somos implacables con los defectos ajenos y tan complacientes con los propios, que hasta los excusamos. Decía san Agustín en un sermón, que «los hombres sin remedio son aquellos que dejan de atender a sus propios pecados para fijarse en los de los demás» (San Agustín, 2014).

En la parábola que nos ocupa, el fariseo se compara con el publicano bajo sus propios términos: *«Oh Dios, te doy gracias porque no soy como los demás hombres, ladrones, injustos, adúlteros, ni como ese publicano. Ayuno dos veces por semana, pago el diezmo de todo lo que poseo»* (Lc 18, 11). Está lleno de orgullo de sí mismo, de sus logros personales y de sus batallitas ganadas. Es decir, su parámetro de medición es su propia referencia de comportamiento, por lo que cifra su valor personal en una serie de acciones externas de cara a los demás, que no terminan siendo del agrado del Señor.

Por el contrario, el publicano está avergonzado de su condición de pecador y pide compasión a Dios en su oración. Su referencia es su propia realidad interior, que le hace quedarse lejos y no levantar la vista al cielo. Sin embargo, esa manifestación de su fragilidad y pequeñez, revela a Dios una profunda intimidad que le agrada más que una serie de rituales externos o normas rígidas que practica el fariseo. Dios quiere llenarnos de su gracia, pero a veces nos ve tan sobrados de nosotros mismos y de un vano orgullo, que impide que esa gracia se nos comunique de forma estable y plena.

En este caso, para Jesús es más importante esa lucha interior en nuestra intimidad, que una serie de actos externos que quizás no van dirigidos a Él, sino a cumplir y quedar bien con los hombres. Ese dolor de amor y esa petición de perdón, son las pruebas sensibles de nuestra contrición. La acción visible, pública y el cumplimiento de unas prácticas externas, son cosas buenas y necesarias, pero talvez secundarias. «Misericordia quiero y no sacrificio; porque no he venido a llamar a los justos sino a los pecadores» (Mt 9, 13), dice el Señor.

> Ese dolor de amor y esa petición de perdón, son las pruebas sensibles de nuestra contrición

Esa consideración, nos mueve a interiorizar eso que meditamos en nuestra intimidad, para confrontarlo con la propia situación personal. «Se pasa de los pensamientos a la realidad. Según sean la humildad y la fe, se descubren los movimientos que agitan el corazón y se les puede discernir. Se trata de hacer la verdad para llegar a la Luz: "Señor, ¿qué quieres que haga?"» (CIC, 1992).

HACIMIENTOS DE GRACIAS Y PETICIONES

Por lo tanto, hacer oración es una gran oportunidad para presentarle al Señor las inquietudes, adversidades, pruebas, decisiones, alegrías, gozos y acciones de gracias que tenemos en el corazón. Seguramente Dios sabe lo que nos preocupa, lastima o emociona, pero ama nuestra sinceridad y disposición cuando le abrimos de par en par las puertas del alma. «Dios es un océano, un abismo de paz.

Si mi oración es sincera, y me pone verdaderamente en comunión con Él, no puede dejar de transmitirme una parte de esta paz divina» (Philippe, 2014).

Todo lo cual permite pedirle que abra nuestro entendimiento e ilumine nuestras decisiones, para que todas las acciones comiencen y terminen en su nombre. De esta forma, podremos tener la vía libre para encomendar tantas intenciones nobles y buenas que tenemos en la mente y el corazón. Lo habitual es que pidamos por nuestra vida, salud, familia, trabajo, estudio, amistades, aficiones, iniciativas, proyectos y tantas cosas más. «Así pues, yo os digo: pedid y se os dará; buscad y encontraréis; llamad y se os abrirá; porque todo el que pide, recibe; y el que busca encuentra; y al que llama, se le abrirá» (Lc 11, 9-10).

Posiblemente Dios no nos dará todo lo que le pedimos en la oración, puesto que no todo es conveniente para el bien de nuestra alma ni para el desarrollo de nuestra existencia. En ocasiones, le pedimos por lujos, caprichos, vanidades y un sinfín de banalidades, que no vienen a cuento. Pero insistimos en ellas, porque creemos que esas cuestiones insustanciales le darán satisfacción a nuestro afán insaciable de deseos.

En otros casos, con la actitud del fariseo, le pedimos a Dios que nos ayude a ajustar cuentas con terceros, que nos quite de en medio a personas que nos desagradan o que nos han agraviado de alguna forma en particular. Es como una lista de tachones en el cuaderno, en donde están todas esas querellas y odios que hemos ido guardando en cubitos de hielo en el congelador de nuestro interior. Afirmaba Mark Twain que «la ira es un ácido que puede hacer más daño al recipiente en el que se almacena que a cualquier cosa sobre la que se vierta».

¡Qué malintencionados somos a veces! ¡Qué falta de caridad la que demostramos contra otros hijos de Dios! ¿Cómo se puede justificar este tipo de actitudes tan alejadas de la misericordia divina? Por la tendencia que tenemos a buscar solo lo que nos conviene o apetece. «Todo el mundo es como la luna, tiene un lado oscuro que nunca muestra a nadie» (*Ibídem*). Por eso, te pedimos Jesús el don de la fortaleza, para resistir esa tentación de hacer justicia con la propia mano y evitar ofender a quienes nos desagradan.

Aleja de nuestro camino esa actitud peligrosa, llena de arrogancia y prepotencia, que nos hace sentirnos superiores a los demás. El pensar que por nuestros conocimientos, juventud o madurez, cargo profesional, recursos económicos, acceso a medios de entretenimiento, nivel de cultura, formación intelectual y procedencia, estamos por encima de los que nos rodean. «Las personas con aires de condescendencia son generalmente orgullosas, como lo son también aquellas dadas a gestos de superioridad, a frases estudiadas o a emplear tonos autoritarios» (Boylan, 2002).

Sin embargo, lo que más llama la atención de quienes presumen ser mejores, es su persistente afán por denostar a los que buscan superarse y salir adelante. «La forma más ruin de la propia exaltación es aquella en que se busca desacreditar a los otros. A los orgullosos no les gusta escuchar las alabanzas de los demás, están dispuestos a descubrir los pies de barro de aquellos que se hacen famosos y lo que es talvez su nota más característica: no pueden sufrir la contradicción o corrección» (*Ibídem*).

Pero lo ideal es encontrar la senda de nuestra conversión personal y caminar hacia Dios con sinceridad. «Ante Él, no hay ya mentiras posibles, no hay escapatoria ni justificación, nada de máscaras. Estamos obligados a reconocer quiénes somos, con nuestras heridas, nuestras fragilidades, nuestras incoherencias, nuestros egoísmos, nuestra dureza de corazón, nuestras complicidades secretas con el mal» (Philippe, 2014).

En todo caso, queremos reflejarnos en Ti y aprender a imitar Tu ejemplo. Como bien decía san Ignacio de Antioquía en los primeros siglos del cristianismo: «Lo que necesita el cristianismo, cuando es odiado por el mundo, no son palabras persuasivas, sino grandeza de alma» (San Ignacio de Antioquía, 1991).

Una grandeza de alma como la de nuestra madre Santa María o la de tantos hombres y mujeres que luchan cada día por ser santos. Personas agradecidas por los dones y bendiciones recibidas en su vida diaria, incluso en medio de tribulaciones y dificultades que enfrentan de forma heroica y ejemplar.

> Una grandeza de alma como la de nuestra
> madre Santa María o la de tantos hombres y
> mujeres que luchan cada día por ser santos

En todas las generaciones el Señor se reserva una minoría de personas para transformar el mundo y llevar su fuego a todas partes. Son personas fieles y santas que luchan para poner el nombre de Dios en la cumbre de las actividades humanas. Enamorados de Dios, que ofrecen su vida, su familia y los frutos de su trabajo, así como las diversas circunstancias materiales que tienen lugar en su jornada. No han sido seres humanos intachables o perfectos, sino personas valientes que han sabido sacar frutos de la gracia divina y han luchado contra sus caídas. Si nuestra oración es auténtica, dará frutos valiosos para crecer en sabiduría: seremos más humildes, prudentes, justos, sinceros y pacientes, en definitiva, hombres de oración y fe, llenos de Dios y de su amor.

Rezar, meditar y contemplar

La oración es un mar infinito de posibilidades, que nos lleva a expresar desde una palabra de amor a una afectuosa acción de gracias, y de una plegaria encendida a un gozo sereno de gran contemplación, donde no hay discursos ni ruido de palabras, sino un espacio de profunda intimidad y silencio.

Rezar, meditar y contemplar es un formidable itinerario de la oración, que puede partir de una oración vocal, en la que rezamos con oraciones que hemos aprendido desde niños o en la que expresamos oralmente nuestra piedad personal y filiación divina. Pero también podemos encauzar la oración con un libro espiritual o un pasaje del Evangelio, que nos permite meditar las palabras de Jesús y hacer vida lo que nuestra mente, imaginación, deseo y emoción perciben con los sentidos, hasta llegar a la reflexión profunda en ese diálogo entre Dios y cada persona, que nos hace contemplar su maravillosa presencia.

Es conseguir con la oración un momento de gran conexión, en la que las palabras dan paso al silencio en nuestro interior, que nos permite percibir una gran sensación de paz y serenidad, así como sentir la mirada cariñosa de Cristo. Como decía aquel campesino al santo Cura de Ars: «Yo lo miro y Él me mira» (Monnin, 1975). En otras palabras, esa contemplación es una mirada que ilumina e inspira grandes sensaciones. «La luz de la mirada de Jesús ilumina los ojos de nuestro corazón; nos enseña a ver todo a la luz de su verdad y de su compasión por todos los hombres» (CIC, 1992).

En este espacio de profunda intimidad, accedemos a un infinito caudal de gracia y amor: «Dios como fuente inagotable de vida, como Origen, como don sin término, como generosidad, y Dios como bondad, ternura, misericordia infinitas» (Philippe, 2014).

En este espacio de profunda intimidad,
accedemos a un infinito caudal
de gracia y amor

VIDA INTERIOR

El desafío es mantener la conexión de forma fluida y encendida en cada momento que se pueda, porque esa comunicación frecuente con Dios en la oración nos trasfunde su energía divina, con la que irradiamos luz a todo lo que nos rodea. Esa fuente inagotable de sabiduría, inteligencia, consejo, fortaleza, ciencia, piedad y temor de Dios, son los dones poderosos del Espíritu Santo que enriquecen cada átomo de nuestra humanidad y nos llenan de su divinidad.

Aprovechar este espacio de encuentro, nos hace saborear la dicha de tener a Dios en nuestro interior, lo cual es un descubrimiento que eleva nuestro espíritu y nos da una gran felicidad. Como dice san Agustín de forma entrañable en su libro *Confesiones*: «¡Tarde te amé, hermosura tan antigua y tan nueva, tarde te amé! Tú estabas dentro de mí y yo fuera, y por fuera te buscaba; y, deforme como era, me lanzaba sobre estas cosas que tú creaste. Tú estabas conmigo, pero yo no estaba contigo. Me tenían lejos de ti aquellas cosas que, si no estuviesen en ti, no serían. Me llamaste y clamaste, y quebraste mi sordera; brillaste y resplandeciste, y curaste mi ceguera; exhalaste tu perfume, y lo aspiré, y ahora te anhelo; gusté de ti, y ahora siento hambre y sed de ti; me tocaste, y deseo con ansia la paz que procede de ti» (San Agustín, 2011).

Preciosa confesión de un alma encendida que al saberse habitada por Dios, exclama de gozo en su vida interior. ¡Cuántas cosas tenemos por expresar nuestra alegría y agradecimiento a Jesús, que conoce cómo somos y lo que pensamos, y nos ayuda en cada paso que damos!

¡SEÑOR, PON TU EL INCREMENTO!

En la recta final de este capítulo, nos ponemos en las manos preciosas de Nuestro Padre y con un espíritu sencillo y cercano, le pedimos que nos cubra siempre con su amor y misericordia. Tu conoces nuestras limitaciones, fragilidades y frustraciones, pero también nuestros deseos, sueños y aspiraciones. Por eso, nos encomendamos cada día a ti para que podamos honrar tu voluntad y hagamos prodigios con los talentos que nos has dado. Pero donde no alcancemos a llegar por nuestras fuerzas, pon Tu el incremento.

Quizás has visto en el cine *El Señor de los Anillos* (*The Lord of the Rings*, 2001-2003), la saga de la fabulosa novela de J. R. R. Tolkien, que narra el peligroso viaje del hobbit *Frodo Bolsón* y su inseparable amigo *Sam Gamyi*, para destruir el Anillo único en el Monte del Destino (Cfr. Tolkien, 1954). Es una travesía plagada de peligros, temores y tribulaciones, que desatará todo tipo de emociones y sensaciones en los protagonistas a lo largo de la historia. Todo en el marco de una guerra a muerte que provocará el enemigo para recuperarlo, ya que el *Anillo* es la principal fuente de poder de su creador, el señor oscuro Sauron.

Al respecto, la escena de la película que quiero comentar la protagonizan *Frodo* y *Sam* en uno de los puntos más álgidos de la misión. Es un momento de gran agotamiento por el viaje, en el que se ven amenazados por este enemigo poderoso que vulnera sus fuerzas y su determinación. Frodo ya no puede ni moverse y le dice a Sam que se siente hundido en la oscuridad. Sam es consciente que no puede llevar la carga de su amigo, pero si le puede llevar a él: «Vamos señor Frodo, cargar con el anillo no podré, pero si cargar con usted. ¡Vamos!».

En la vida personal sucede igual. Cuando el enemigo ataca, es el momento de encontrar asideros seguros en los que apoyarse, porque gracias a su sostén y aliento se logrará salir victorioso de cualquier apremio. Ese apoyo esencial es Dios, que está pendiente de que le hablemos en la oración. Por lo habitual, Él se hace el encontradizo y nos ofrece sus brazos. No para llevar nuestra carga, sino para cargarnos en sus brazos y levantarnos de donde estemos postrados.

> Cuando el enemigo ataca, es el momento de encontrar asideros seguros en los que apoyarse

Pero otras veces nos manda a sus ángeles, en la forma de nuestros amigos, que están cerca, nos quieren y conocen bien. Gracias por ellos, por los buenos amigos, que siempre nos desean lo mejor y están pendientes de darnos una mano en el momento de mayor flaqueza.

Por eso, en el capítulo final, Jesús nos contará la hermosa parábola del *buen samaritano*, que nos ayudará a reflexionar sobre el amor y el desagravio. Es decir, hacer el bien a los demás, a pesar de nuestras limitaciones y circunstancias. Haciendo a un lado todo tipo de prejuicios, reparos o actitudes de indiferencia, y entregando lo mejor que tenemos con la disposición incondicional de servir por amor.

«Amor y desagravio»
(La parábola *del buen samaritano*)

«Se acercó y le vendó las heridas echando en ellas
aceite y vino. Lo montó en su propia cabalgadura,
lo condujo a la posada y el mismo lo cuidó»
(Lucas 10, 34)

Hemos llegado al final de la ruta con el Señor después de una jornada larga, intensa y llena de gratificantes experiencias a su lado. Ha caído el sol y la noche ha entrado con fuerza por los caminos recorridos por el Hijo de Dios. Nadie quiere que este día termine y contamos las horas para que asome otra vez la luz del alba.

Nos disponemos a buscar alimento y cobijo para pasar la noche, pero antes de irnos cada quien por nuestro lado, Jesús nos invita una vez más a sentarnos a su alrededor y escuchar su palabra frente a la lumbre de una pequeña fogata.

Se cubre con su manto, para protegerse del frío que se empieza a sentir en esos parajes al aire libre de Tierra Santa. Su voz es cálida y sosegada, y nos mira a todos en la penumbra con la expresión de un amigo que te quiere contar un sorprendente relato de amor al prójimo:

«Entonces Jesús, tomando la palabra, dijo: –Un hombre bajaba de Jerusalén a Jericó y cayó en manos de unos salteadores que, después de haberle despojado, le cubrieron de heridas y se marcharon, dejándolo medio muerto. Bajaba casualmente por el mismo camino un sacerdote y, al verlo, pasó de largo. Igualmente, un levita llegó cerca de aquel lugar y, al verlo, también pasó de largo. Pero un samaritano que iba de viaje se llegó hasta él y, al verlo, se llenó de compasión. Se acercó y le vendó las heridas echando en ellas aceite y vino. Lo montó en su propia cabalgadura, lo condujo a la posada y él mismo lo cuidó. Al día siguiente, sacando dos denarios, se los dio al posadero y le dijo: «Cuida de él, y lo que gastes de más te lo daré a mi vuelta». ¿Cuál de estos tres te parece que fue el prójimo del que cayó en manos de los salteadores? Él le dijo: –El que tuvo misericordia con él. –Pues anda –le dijo Jesús–, y haz tú lo mismo» (Lc 10, 30-37).

HACER BIEN EL BIEN

Este relato es conocido como la parábola del *buen samaritano* y contiene un gran valor simbólico para nuestra

vida. En siete versículos, Jesús nos narra una gran enseñanza que sigue vigente a lo largo del tiempo y que gira
alrededor de la caridad. Su núcleo es el amor al prójimo y
la importancia de hacer bien el bien a los demás, sin importar de quien se trate. Pero también se percibe la actitud
opuesta, la indiferencia e indolencia ante el dolor humano.

Respecto a esta parábola, el Papa León XIV subraya
en una de sus primeras catequesis que «la vida está hecha
de encuentros, y en esos encuentros se revela quiénes somos. Nos encontramos ante el otro, ante su fragilidad y
debilidad, y podemos decidir qué hacer: ocuparnos de él o
hacer como si nada» (León XIV, 2025).

Se podría pensar que cada persona es un mundo apar-
te y va metida en sus cosas, pero las circunstancias del
relato son claras y dejan en evidencia esa falta de empatía
de dos de los viandantes con el personaje asaltado y herido. Solo uno tuvo la sensibilidad de detenerse y ayudarlo.
Pero no solo eso, sino que también vendó sus heridas, lo
montó en su propia cabalgadura, lo condujo a una posada
y lo cuidó por su cuenta. Y al marcharse, le dejó dinero al
posadero para que cuidara de él y le prometió compensar-
le la diferencia al regresar: *«Cuida de él, y lo que gastes
de más te lo daré a mi vuelta»* (Lc 10, 35).

Solo quien ha sufrido en carne propia un percance con
ladrones o un grave accidente en la carretera, conoce la di-
ficultad de quedarse varado en mitad de la nada esperando
ser auxiliado por desconocidos y puesto a resguardo en
un lugar seguro. En una situación así, las consecuencias

suelen ser dramáticas y la condición médica de la persona afectada puede ser bastante crítica, a tal punto de estar inconsciente y gravemente herida.

La respuesta solidaria y oportuna de quienes han presenciado el suceso, resulta decisiva para salvar la vida a una persona lesionada o conseguir que lleguen cuanto antes la ambulancia y los paramédicos. El tiempo juega en contra de una víctima de arma blanca o de fuego, así como de un accidente vial o doméstico. En esos casos, nadie quisiera estar en los zapatos de la víctima del siniestro. Pero si estás entre los testigos, lo razonable es esperar de tu parte un genuino interés de ayudar y un sentido de disponibilidad para contribuir en la situación.

Por eso, resulta chocante en la parábola, que el primero que pasó de largo al ver al hombre medio muerto, fue un *sacerdote*, un ministro religioso del pueblo judío. «Sin embargo, la práctica del culto no conduce automáticamente a la compasión. De hecho, antes que una cuestión religiosa, la compasión es una cuestión de humanidad. Antes de ser creyentes, estamos llamados a ser humanos» (León XIV, 2025).

Es probable que este *sacerdote* haya evitado contaminarse con la sangre del herido, pero es significativo que simplemente haya pasado de largo. Igual sucedió con un *levita*, que al llegar cerca del lugar de los hechos y ver al herido, también pasó de largo. «Es precisamente la prisa –tan presente en nuestra vida– la que muchas veces nos impide tener compasión. Quien piensa que su camino debe tener prioridad, no está dispuesto a detenerse por otro» (*Ibídem*).

A lo largo del relato el Señor no juzga ni hace una valoración moral de la actuación de ambos. Simplemente menciona los hechos con la connotación del contexto del asalto y de la identidad de los personajes. Sin embargo, se detiene a explicar con mayor detalle el comportamiento del *samaritano*, que fue el único de los tres viajeros que se acercó al herido y manifestó compasión. *«Pero un samaritano que iba de viaje se llegó hasta él y, al verlo, se llenó de compasión»* (Lc 10, 33).

Al respecto, lo primero que sobresale es la sensibilidad de su corazón: es compasivo. Según la definición de la palabra, la *compasión* es un «sentimiento de pena, de ternura y de identificación ante los males de alguien. Condolencia, conmiseración, compunción, lástima, ternura, piedad, misericordia, caridad, clemencia, solidaridad, humanidad» (DRAE, voz *compasión*). Lo cual indica que el samaritano demuestra una gran caridad y humanidad en la forma de comportarse en esta situación.

El samaritano demuestra una gran caridad y humanidad en la forma de comportarse en esta situación

---

Luego de ello, el Señor describe todas las buenas acciones que realiza en honor del herido. *«Se acercó y le vendó las heridas echando en ellas aceite y vino. Lo montó en su propia cabalgadura, lo condujo a la posada y él mismo lo cuidó»* (Lc, 10, 34). Y además, como dijimos antes, le paga al posadero y le deja dinero para que lo cuide hasta su regreso. ¡Qué estupenda demostración de bondad! Y lo más curioso es que era un samaritano, una persona con la que los judíos no tenían habitualmente ningún tipo de relación social.

Pero eso para él no tiene importancia, porque lo que está en juego es la vida de un ser humano. «La religiosidad aquí no importa. Ese samaritano se detiene simplemente porque es un hombre ante otro hombre que necesita ayuda» (León XIV, 2025). En estas circunstancias, no se pone a pensar en diferencias sociales, religiosas o prejuicios de nacionalidad. Su consigna es servir, cuidar y ser útil en un momento crucial en la existencia de una persona. No tiene control de la salud del herido, pero si tiene control de sus actos. Y sus actos son los propios de un hermano, un buen amigo y un ser humano. Un verdadero prójimo, que muestra una actitud de misericordia con el hombre herido.

DIOS SANA NUESTRAS HERIDAS

Acaso no es la misma sensación que tenemos con Dios cuando se compadece de nuestras heridas, de nuestra fragilidades y de todos los accidentes que nos apartan del buen camino. Es Él con su misericordia infinita, el que se acerca a nosotros con ternura, echa aceite y vino en nuestras heridas, y nos conduce diligentemente a la posada para cuidarnos y ayudarnos a recobrar la salud del cuerpo y el alma. «El amor de Dios es personal y personalizante. Cada uno de nosotros tiene perfecto derecho a decir: ¡Dios me ama como a nadie en este mundo! Dios no ama a dos personas de la misma manera, porque es precisamente su amor el que crea nuestra personalidad propia, que es diferente para cada uno» (Philippe, 2014).

Cuando parece que hemos perdido noción de nuestra condición de hijos y estamos es un estado de inconsciencia personal que nos impide comunicarnos cara a cara con Dios, Él hace lo que sea necesario para rescatarnos de la postración del pecado. «¿Cuándo seremos también nosotros capaces de interrumpir nuestro camino y tener compasión? Cuando comprendamos que ese hombre herido en el camino nos representa a todos nosotros. Entonces, el recuerdo de todas las veces en que Jesús se detuvo para cuidarnos nos hará más capaces de compasión» (León XIV, 2025).

Si aún late nuestro corazón, hay posibilidades de recobrar la salud moral y espiritual, pues «mientras hay vida hay esperanza». Lo importante es dejar que se acerque a cada uno, como el *buen samaritano* de la parábola, para aliviar nuestro dolor, reponer fuerzas y sanar las heridas que nos impiden ponernos en pie.

¿Cuántos de nuestros prójimos están en su vida gravemente heridos, en un estado de gran dolor y sufrimiento, y pasamos a su lado sin darnos cuenta? Pienso que muchas personas viven en una penosa situación, expuestos a una profunda tristeza, alejados de Dios por terribles circunstancias y llevando a hombros el peso de una lacerante soledad. «Hay muchos signos de desprecio, dolor, y muchas heridas entre nosotros, pero una vez que eliges descubrir la alegría escondida en medio de tanto sufrimiento, la vida se convierte en una fiesta. La alegría no niega la tristeza, sino que la transforma en una tierra fértil para cultivar más alegría» (Nouwen, 2005).

En efecto, la alegría produce más alegría. Es como un efecto contagioso de quien ha recuperado la salud y regresa sano y salvo a su casa, después de haber vivido el horror de una guerra, una grave enfermedad, las consecuencias de un accidente o de un período de gran tribulación. Esa alegría es la dicha de haber sido tocados en el corazón por el médico divino, que ha puesto con sus manos un precioso bálsamo en lo más profundo de cada herida.

Esa alegría es la dicha de haber sido tocados
en el corazón por el médico divino

Amor y desagravio

En estos casos, el primer reflejo que brota espontaneo es el agradecimiento, porque estando a punto de perder la vida y sin nadie cercano que se tomara el tiempo de auxiliarnos, la compasión de nuestro Señor nos dio una nueva esperanza. «Acaba siempre tu examen con un acto de Amor –dolor de Amor–: por ti, por todos los pecados de los hombres… –Y considera el cuidado paternal de Dios, que te quitó los obstáculos para que no tropezases» (Escrivá, 1998).

En dos palabras: amor y desagravio. Amor por haber sido amados sin condiciones, incluso a pesar de nuestras propias torpezas y rebeldías. Desagravio, en honor de todas las faltas cometidas por mí y por tantos que continuamente le hemos dicho que no a Dios con nuestras palabras, acciones y omisiones. Hemos sido cargados en brazos y puestos en la cabalgadura, y aún sin saberlo, alguien ha cuidado de nosotros en silencio y ha pagado voluntariamente a otros para cubrir nuestra deuda.

Posiblemente, desconocíamos nuestro estado de salud o del mal que padecíamos. Fue necesario que alguien se interesara por nuestra situación y se tomara el tiempo de ayudarnos, a tal grado de sacarnos del grave estado en el que nos encontrábamos. Ese encuentro personal con quien nos ama, es una oportunidad de oro que la vida nos da para descubrir la verdad y darle sentido al rumbo que debemos seguir. «Reconocer la verdad es necesario; no hay curación sin conocimiento de la enfermedad. Solo la verdad libera» (Philippe, 2014).

No siempre sabemos qué nos ocurrió en el camino. A menudo, uno empieza a dar pasos en cierta dirección sin saber realmente a dónde quiere ir. Es como vivir en un estado de inercia, en el que los demás, las circunstancias o mis decisiones, me van llevando de forma automática por zonas inciertas, caminos descuidados o trayectos no iluminados. Luego, cuando nos damos cuenta, estamos lejos de casa, completamente solos y en grave situación de peligro.

Este proceso no es casualidad, sino fruto del uso equivocado que doy a la libertad. Lo hemos dicho antes y lo repetimos al hilo de las parábolas que hemos meditado. Por ejemplo, como el *hijo pródigo*, anhelamos la libertad, pero sin límites que guardar ni obediencia que rendir a ninguna autoridad. Gozar de los placeres de la vida, sin responsabilidad ni prudencia. O quizás, como el hermano mayor de esa misma parábola, que obedece sin entender el sentido correcto de la libertad. Obediencia, sin verdadero amor ni correspondencia sincera, sino como una forma de autojustificación de sus actos.

En otras ocasiones, nos alejamos de quien nos ama por accidente, como la *oveja perdida*, que se dispersó del rebaño y se perdió entre la maleza, los árboles caídos y las rocas del monte. O peor aún, vivimos en ambientes tan superficiales y sin asideros fuertes, que en un abrir y cerrar de ojos en una adversidad, se derrumba nuestro edificio particular. Donde no hay *cimientos* profundos ni pilares fuertes que sostengan toda la estructura, cualquier edificación se viene a pique.

Sin embargo, todas estas circunstancias revelan un enorme vacío interior, una carencia de fundamentos esenciales que nos hace ceder a los caprichos que en tantas ocasiones impulsan la forma de conducirnos en la vida. De alguna manera, la conciencia nos dice que eso no está bien hacerlo, pero tenemos una inclinación natural al mal, que nos hace sucumbir a lo fácil, cómodo y egoísta. Es curioso cómo podemos llegar a ser jueces implacables con los defectos de los demás y actuar como tolerantes abuelitas con los defectos personales.

> Podemos llegar a ser jueces implacables con los defectos de los demás y actuar como tolerantes abuelitas con los defectos personales

Pienso que en la mayoría de los casos no se busca hacer el mal por mal ni gozarnos del mal ajeno. En realidad muchos hacen el mal pensando que hacen el bien, talvez por ignorancia, deformación de la conciencia, falta de buen ejemplo o de buenos modelos. «Conviene que conozcas esta doctrina segura: el espíritu propio es mal consejero, mal piloto, para dirigir el alma en las borrascas y tempestades, entre los escollos de la vida interior» (Escrivá, 1998). Porque uno no puede ser director de su propia alma, sino que debe buscar a personas sabias y santas que le guíen, aconsejen y ayuden a encontrar el camino del bien.

No importa que uno tenga estudios, experiencia o gran prestigio personal, para garantizar que nunca se va a equivocar de camino o cometer errores. Por eso mismo que se tiene inteligencia, voluntad y experiencia de vida, es decisivo y muy necesario contar con un director espiritual. Alguien así es un aliado perfecto para enfrentar los desafíos que se nos presentan de forma reiterada en la vida. Es ideal que esa persona tenga buena doctrina y sea un modelo al que imitar por sus virtudes y gran vida interior.

¡Cuánta virtud nos hace falta para salir airosos de una encrucijada y librarnos de los peligros que aparecen en la ruta! Muchísima, para poner las ideas en orden, pedir ayuda a quien más conoce y recuperar el control de nuestro destino. Y si por equivocación hemos tomado el camino más oscuro y alejado de los buenos pasos, pedir perdón por nuestros descuidos y omisiones, y rectificar cuanto antes la intención.

Ama y haz lo que quieras

Decía san Agustín: «Ama y haz lo que quieras», que no es una carta blanca para ir por la vida haciendo destrozos en nombre del amor. Todo lo contrario, el que ama no defrauda, no traiciona, no hace el mal, sino que todas sus acciones están revestidas de un bien inmenso, que le permite saborear los frutos buenos, bellos y verdaderos que Dios ha puesto sobre la tierra.

Tener la conciencia tranquila y gozar de la serenidad que da la paz de estar en Dios, es un don maravilloso del que debemos estar siempre muy agradecidos y felices. La vida sobre la tierra no es un jardín de rosas, sino que requiere esfuerzo y sacrificio ganar cada jornada. A medida que el tiempo avanza en la existencia particular de cada ser humano, se advierte la importancia de dar pasos en la dirección correcta. Es muy fácil despistarse y salirse de la ruta. Basta que perdamos de vista nuestros principios o se nos nuble el camino hacia la meta, por un pequeño desvío o parada, para extraviarnos y perder tiempo valioso hacia el punto de llegada. Solo el que sabe de dónde viene y dónde está parado, sabe hacia dónde quiere llegar.

> Solo el que sabe de dónde viene y dónde está parado, sabe hacia dónde quiere llegar

¿Qué debemos hacer para mantener ese enfoque en la meta de nuestra santidad? Vivir cada día una unidad de vida que nos permita ser auténticos, sencillos y la misma persona: hoy, mañana y pasado mañana. Solo así, podremos santificar cada jornada el amor, el trabajo, la cultura, las amistades y las aficiones, que nos hacen experimentar una inmensa sensación de felicidad en el tiempo presente. Seremos valientes en la prueba, recios en la enfermedad y el dolor, resilientes en las grandes tribulaciones, pero siempre prudentes en las diversas decisiones que debamos tomar. Y ante todo, seremos libres para hacer el bien y profundamente humanos para darnos a los demás con naturalidad y caridad. Porque sabremos tomarnos el tiempo de conocer y querer bien a las personas que forman parte de nuestra vida.

CONOCER Y QUERER A LAS PERSONAS

Concluimos este capítulo final con una anécdota muy reveladora e inspiradora de este tema que nos ocupa. Cuentan que hace un tiempo, en honor de los cincuenta años de haber sido fundada la Organización de las Naciones Unidas se organizó un congreso en San Francisco, California, con los grandes gurús del liderazgo y del cambio en las organizaciones: *Peter Drucker*, *Peter Senge* y *Michael Hammer* (Cfr. Argandoña, 2022).

El congreso se había organizado para que tuviera una duración de dos días y se cobraba la friolera de cinco mil dólares a cada asistente para escuchar la sabiduría de esos grandes expositores de clase mundial. Todo apuntaba que sería un evento magnifico con un despliegue de sabiduría científica sobre cómo liderar organizaciones.

Al final del congreso se circuló un cuestionario para evaluar el evento y la exposición magistral de cada conferenciante, así como el impacto de sus mensajes a lo largo de esos dos días. Para sorpresa de todos, la persona mejor evaluada de todo el evento, por mucha distancia respecto al segundo lugar, fue la Madre Teresa de Calcuta, que había sido convencida para participar, no como conferenciante del evento, sino como invitada a dar un pequeño mensaje al final del Congreso. De hecho, su participación tuvo una duración de tan solo treinta segundos, pero fue tiempo suficiente para dejar un gran pozo de sabiduría en el corazón de la audiencia.

¿Y qué hizo en ese tiempo tan breve para causar tan grata impresión? Subió despacio al estrado, guardó un momento de silenció y, con gesto sereno y voz muy suave, dijo lo siguiente:

«Así que queréis cambiar a la gente. Pero, ¿conocéis a vuestra gente? ¿Y los queréis? Porque si no conocéis a las personas, no habrá comprensión, y si no hay comprensión, no hay confianza, y si no hay confianza, no habrá cambio. ¿Y queréis a vuestra gente? Porque si no hay amor en lo que hacéis, no habrá pasión, y si no hay pasión, no estaréis preparados para asumir riesgos, y si no estáis preparados para asumir riesgos, nada cambiará. Así que, si queréis que vuestra gente cambie, pensad: ¿conozco a mi gente?, y ¿quiero a mi gente?» (*Ibídem*).

El mensaje de la Madre Teresa resonaba entre los asistentes y sus palabras habían quedado como suspendidas en el auditorio. Era un mensaje tan sencillo y poderoso a la vez, porque hablaba de una verdad tan elocuente, que resultaba muy oportuno para llevarlo a cabo en este mundo tan centrado en riquezas materiales, tecnología y factores de producción.

Conocer y querer. Dos acciones importantes que nos permiten amar a las personas y rezar por ellas, para que puedan ser lo que cada una está llamada a ser: una obra perfecta que ha salido de las manos del mejor artesano, Dios mismo, que le da un rasgo único de identidad a cada cual, para que encuentre su misión y sea feliz a lo largo de su vida.

Al finalizar este camino de oración recorrido, damos gracias por todo lo que hemos aprendido de Jesús, que tiene *palabras de vida* eterna (Jn, 6, 68), que siempre iluminan, guían e inspiran nuestros pasos. Pero especialmente, nos cautivan por su sabiduría, amor y fortaleza.

III
Recomendaciones finales

«En dos palabras:
conocerle y conocerte:
"¡tratarse!"»
San Josemaría Escrivá

Al hilo de todo lo que hemos considerado hasta ahora en este libro, quiero detenerme un momento para compartirte tres recomendaciones finales que pueden servirte en tu camino de oración particular. La oración es un encuentro a solas con Jesús, que nos espera cada día para poner en común las ideas y proyectos que nos inspiran, las aspiraciones que alimentan nuestra voluntad y las diversas intenciones que guardamos en nuestra mente y corazón.

Ese momento de reflexión, conversación y silencio, nos conduce a un nivel de intimidad que permite tratar con confianza a quien mejor nos conoce y ama. Pero ese conocimiento debe ser mutuo y poner los medios necesarios, para mostrarnos tal cual somos y darnos por entero. Nadie puede amar lo que no conoce. Por lo cual, es esencial el trato diario, el diálogo asiduo, la atención activa y un esfuerzo de dedicar tiempo, para afianzar gradualmente nuestra relación con Dios en la oración. Bien se dice, que la oración nos introduce de forma gradual en el verdadero conocimiento de Dios y permite percibir su presencia en nuestro interior.

Por lo tanto, resulta necesario conseguir que la oración sea diaria, perseverante y transformadora, para conocerle bien a Él y conocerte bien a ti mismo, pero ante todo, que permita tratarse como dos personas entrañables que se quieren y entienden a la perfección.

Para explicar estas intenciones en la oración, me apoyaré en una breve parábola que ilumine a la luz de la palabra de Cristo cada una de estas tres recomendaciones que propongo:

1. Cuidar la relación diaria

En toda relación de amistad entre dos personas que quieren conocerse mejor, resulta esencial el trato frecuente y sincero, que derribe muros, abra puertas y genere una afinidad franca. Si queremos que esa relación fructifique, es preciso invertir tiempo, atención y energía para que se consolide la amistad y crezca la disposición a la confidencia. Al principio quizás será de forma ocasional, según la disponibilidad y compromisos de cada uno, pero a medida que el trato aumenta, esos encuentros ocasionales se volverán diarios o más frecuentes.

En la relación con Dios, todo comienza con una decisión de dedicar un tiempo diario a la oración. Se comienza con un tiempo breve de contacto, quizás de unos 5 o 10 minutos diarios. Pero a medida que se va profundizando en ella, se puede dedicar una hora o más al día, por ejemplo media hora en la mañana y media hora en la tarde, o lo que el alma considere necesario. A tal grado, que llegará un momento que se tendrá necesidad de un trato permanente con Dios, que será como el acto de respirar, alimentarse o saciar la sed.

Valga como ejemplo la parábola de la *semilla que crece*, que refleja ese proceso silencioso que se lleva a cabo en el interior de la tierra:

«El Reino de Dios viene a ser como un hombre que echa la semilla sobre la tierra, y, duerma o vele noche y día, la semilla nace y crece, sin que él sepa cómo. Porque la tierra produce fruto ella sola: primero hierba, después espiga y por fin trigo maduro en la espiga. Y en cuanto está a punto el fruto, enseguida mete la hoz, porque ha llegado la siega» (Mc 4, 26-29).

Y no es acaso la oración diaria como esa semilla que crece en silencio en el interior del corazón del ser humano, que busca al Señor día y noche, hasta que esa oración fructifica en actos de devoción, propósitos e inspiraciones. A tal punto que esa semilla de fe se convierte en trigo maduro de fidelidad y amor a Dios. «La principal cualidad de la oración debe ser la fidelidad. Jesús no nos pide rezar bien, nos pide rezar sin cesar» (Philippe, 2014).

2. Perseverar en la oración

Luego que se ha afianzado esa relación de cercanía y confianza con Dios, lo ideal es que esa relación se sostenga en el tiempo, a través del trato perseverante que demuestre compromiso sincero y amistad plena.

Una clave es apartar espacios fijos cada día, reservados para ese encuentro cara a cara con Jesús. Preferentemente, en un lugar adecuado para que ese diálogo fluya de forma sostenida y constante, y permita el recogimiento de los sentidos. Decía san Vicente de Paúl, que «el bien no hace ruido, porque el ruido no hace bien».

Pero ante todo, la mejor clave es no dejar jamás la oración, porque esa disposición plena y permanente a conversar con Dios, nos llena de felicidad y genera frutos extraordinarios que superan la imaginación más audaz. Al tiempo que permite darle un sentido a las intenciones que guardamos en el interior, en honor de nuestra vida espiritual, las relaciones interpersonales, el trabajo noble que nos permite salir adelante, las aficiones que nos apasionan, los sueños que anhelamos hacer realidad y, desde luego, las diversas preocupaciones que inquietan nuestro corazón.

Al respecto, es muy reveladora la parábola del *juez injusto*, al que la viuda acudía de forma insistente para que le hiciera justicia ante su adversario:

«Les proponía una parábola sobre la necesidad de orar siempre y no desfallecer, diciendo: –Había en una ciudad un juez que no temía a Dios ni respetaba a los hombres. También había en aquella ciudad una viuda, que acudía a él diciendo: «Hazme justicia ante mi adversario». Y durante mucho tiempo no quiso. Sin embargo, al final se dijo a sí mismo: «Aunque no temo a Dios ni respeto a los hombres, como esta viuda está molestándome, le haré justicia, para que no siga viniendo a importunarme». Concluyó el Señor: –Prestad atención a lo que dice el juez injusto. ¿Acaso Dios no hará justicia a sus elegidos que claman a Él día y noche, y les hará esperar? Os aseguro que les hará justicia sin tardanza. Pero cuando venga el Hijo del Hombre, ¿encontrará fe sobre la tierra?» (Lc 18, 1-8).

Esta parábola, es una valiosa referencia de cómo Jesús nos propone *«orar siempre y no desfallecer»*. Podemos tener en contra una serie de factores adversos y vicisitudes, pero la oración perseverante es como la gota persistente que termina por abrir el orificio en la roca más sólida y entrar hasta lo más profundo de ella. Tarde o temprano, si mantenemos presente esa petición en nuestra oración y ponemos los medios necesarios, todo se hará realidad. Como bien dice el refrán: «A Dios rogando y con el mazo dando».

Por eso, da tanta esperanza esa pregunta con la que Jesús nos asegura su favor y consideración de lo que le pidamos: *«¿Acaso Dios no hará justicia a sus elegidos que claman a Él día y noche, y les hará esperar? Os aseguro que les hará justicia sin tardanza»* (Lc 18, 7-8). Sin embargo, esta oración perseverante requiere una condición esencial: tener fe. Una fe firme, para conseguir del Señor ese favor que le pedimos reiteradamente. Una fe activa, que mueva montañas y que nos de fuerza para perseverar.

3. HACER VIDA LOS PROPÓSITOS DE CONVERSIÓN Y TRANSFORMACIÓN PERSONAL

Una vez se ha entretejido un vínculo irrompible con Jesús, se nos abre un nuevo panorama ante nuestros ojos. La certeza de contar con el amor de Dios y su misericordia, será el fruto jugoso de la oración que hemos cultivado cada día, sin dar marcha atrás y con el deseo firme de vivir una verdadera conversión que nos lleve a la santidad. «El centro de la vida cristiana es acoger con reconocimiento la ternura y la bondad de Dios, la revelación de su amor misericordioso, y dejarse transformar por dicho amor» (Philippe, 2012).

Ese proceso de lucha personal de renovación interior, en el que nos vamos despojando de todo aquello que nos impide avanzar en nuestra vida interior, es una batalla importante que requiere decisión y determinación. Significa aumentar la presión interior, para que todo eso externo que me dispersa, deje de distraer mi atención. Pero especialmente, supone un ejercicio de acertar en las prioridades, que son las señales que mi alma necesita para estar centrada en lo importante y no solo en lo urgente. En términos temporales, significa aprender a superar las heridas del pasado, viviendo con sentido de propósito el presente, sin agobiarme por la incertidumbre del futuro.

Por eso, son muy reveladoras estas dos breves parábolas que nos propone Jesús sobre la conversión interior:

«Nadie cose un remiendo de paño nuevo a un vestido viejo; porque entonces lo añadido tira de él, lo nuevo de lo viejo, y se produce un desgarrón peor. Tampoco echa nadie vino nuevo en odres viejos; porque entonces el vino hace reventar los odres, y se pierden el vino y los odres. Para vino nuevo, odres nuevos» (Mc 2, 21-22).

Tiene sentido la transformación personal, si se lucha por dejar atrás al hombre viejo, es decir, superar los vicios y viejos hábitos que nos mantienen atados a las formas de siempre. Todo proceso de cambio, de actualización interior, supone una nueva forma de vivir y de actuar. Claro que es doloroso y exigente, porque nos hemos acostumbrado a rutinas, comodidades y compensaciones, pero el cambio implica una nueva forma de ser que se refleja en mis pensamientos, palabras y acciones.

Para lograrlo es preciso saber lo que debemos cambiar y dar los pasos necesarios para conseguirlo. Por ejemplo, puede funcionar poner en acción un propósito concreto de cambio cada mes hasta hacerlo vida en nuestro comportamiento habitual. Después de un tiempo, al volver la vista atrás, descubriremos que lo que somos ahora es una versión mejorada y distinta de lo que fuimos algún tiempo atrás. *«Para vino nuevo, odres nuevos»* (Mc 2, 22).

Por lo tanto, al terminar este libro, agradezco a Jesús su pedagogía divina para enseñarnos el camino correcto hacia una vida feliz. Su sabiduría y santidad se perciben en cada palabra que sale de su boca, y me emociona saber que su forma de revelarnos su misericordia y amor sigue siendo viva y eficaz a lo largo de los siglos y por siempre. *«Todas estas cosas habló Jesús a las multitudes con parábolas y no les solía hablar nada sin parábolas, para que se cumpliese lo dicho por medio del Profeta: Abriré mi boca con parábolas, proclamaré las cosas que estaban ocultas desde la creación del mundo»* (Mt, 13, 34-35).

Epílogo

Decidí escribir este libro con la intención de expresar mi fascinación por esta forma tan cautivadora que utiliza Jesús en su predicación y enseñanza. En los hechos y sucesos que narran los evangelios, es interesante advertir la inmensa sabiduría de Cristo cuando alude a situaciones conocidas por sus oyentes, para explicar ideas de gran profundidad humana y espiritual. Como comunicador, profesor y escritor, me encanta el uso de las historias en el contenido de los mensajes. Esa afición me ha llevado a reflexionar acerca de lo que me dicen a mi esas parábolas que he tomado de referencia en este texto.

Por lo cual, este libro no es un tratado teológico sobre la oración ni nada parecido. Tampoco es un testimonio público de mi vida de piedad o fe católica, aunque la tenga y practique cada día. Ni es propiamente un libro religioso, que tenga una intención doctrinal sobre la predicación de Jesucristo sobre la Tierra.

En todo caso, es una obra para reflexionar sobre una variedad de situaciones de interés humano, en las que las parábolas tienen mucho que decirnos según las circunstancias particulares de cada lector. Por lo tanto, me llena de inmensa satisfacción haberlo podido concluir, para provecho de quien más lo necesite.

Bibliografía

Agassi, Andre (2017): *«Failure & Success are Just an Illusion»*.

https://www.youtube.com/watch?v=5hHJ6rXWcwQ

Argandoña, Antonio (2022): *«Cambiar a la gente. Responsabilidad social y Ética de la empresa»*, en https://blog.iese.edu/antonioargandona/2022/08/25/cambiar-a-la-gente/

Barron, Robert (2023): *Reflexiones Diarias del Evangelio* en https://www.wordonfire.org/es/reflexiones/a-ordinario-semana33-domingo/

Boylan, Eugene (2002): *El amor supremo*, Rialp, Madrid.

Chevrot, Georges (2011): *Las bienaventuranzas*, Ediciones Rialp, Madrid.

Chinchilla, Nuria y Moragas, Maruja (2009): *Dueños de nuestro destino. Cómo conciliar la vida profesional, familiar y personal*, Ariel, Barcelona.

Clear, James (2019): *Hábitos atómicos. Un método sencillo y comprobado para desarrollar buenos hábitos y eliminar los malos*, Paidós, México.

Dostoyevski, Fiódor (2021): *Los hermanos Karamazov*, Alianza Editorial, Madrid.

Facultad de Teología de la Universidad de Navarra (2012): *Biblia de Navarra*, EUNSA, Pamplona.

Gemological Institute of America (2002-2024): *What pearl classification system does GIA use?»*. https://www.gia.edu/gia-faq-analysis-grading-pearl-grading-system

Havard, Alexandre (2018): *Liderazgo virtuoso*, Eunsa, Pamplona.

Havard, Alexandre (2019): *Corazón libre*, Eunsa, Pamplona.

Holtz, Lou (2015): *«Reglas para una vida menos complicada»*.

https://www.youtube.com/watch?v=8YFTJuJkrts&t=30s

Iglesia Católica (1992): *Catecismo de la Iglesia Católica*, Librería Editrice Vaticana, Ciudad del Vaticano.

León XIV, Papa (2025): *«Catequesis del Papa León XIV: Jesucristo, el Sembrador de Esperanza»*, https://www.vaticannews.va/es/papa/news/2025-05/catequesis-audiencia-general-papa-leon-xiv-parabolas-jesucristo.html

León XIV, Papa (2025): *«El Papa: La compasión es humanidad, ayudar al otro significa involucrarse»*. https://www.vaticannews.va/es/papa/news/2025-05/papa-compasion-es-humanidad-ayudar-otro-significa-involucrarse.html

Llano, Alejandro (2003): *La vida lograda*, Ariel, Barcelona.

Mann, Thomas (2020): *La montaña mágica*, Debolsillo España, Madrid.

Marías, Julián (1987): *La felicidad humana*, Alianza Editorial, Madrid.

Martín Descalzo, José Luis (1999): *Razones para vivir*, Ediciones Sígueme, Salamanca.

Monnin Alfred (1975): *Esprit du curé d'Ars*, Ed. Tequi, París.

Nouwen, Henri (2005): *El regreso del hijo pródigo. Meditaciones ante un cuadro de Rembrandt*, PPC Editorial, Madrid.

Ordeig, Jorge (2015): *El Dios de la alegría y el problema del dolor*, Rialp, Madrid.

Pascal, Blaise (1940): *Pensamientos*, Espasa-Calpe, Madrid.

Philippe, Jacques (2012): *La confianza en Dios. Ejercicios espirituales*. Ediciones Cristiandad, Madrid.

Philippe, Jacques (2014): *La oración, camino de amor*, Rialp, Madrid.

Puig, Mario Alonso (2018): *«Confundimos felicidad con bienestar»*. Entrevista en https://www.youtube.com/watch?v=iZJDjYB2quk

Puig, Mario Alonso (2023): *«Sonríe y vive en la gratitud y en el presente»*. Entrevista en https://www.youtube.com/watch?v=wxDZlSjY-nw.

Rojas, Enrique (2020): *Todo lo que tienes que saber sobre la vida*, Espasa, Madrid.

Rojas Estapé, Marian (2018): *Cómo hacer que te pasen cosas buenas*, Espasa, Madrid.

San Agustín (2014): *Obras completas. VII: Sermones (1º): 1-50: Sobre el Antiguo Testamento*, Biblioteca de Autores Cristianos, Madrid.

San Agustín (1983): *Obras completas. X: Sermones (2º): 51-116: Sobre los Evangelios sinópticos*, Biblioteca de Autores Cristianos, Madrid.

San Agustín (2011): *Confesiones*, cuadernos Palabra, Madrid.

San Ignacio de Antioquía (1991): «*Epístola a los Romanos*», en *Cartas, Introducción, Traducción y Notas* de Juan José Ayán Calvo, Editorial Ciudad Nueva, Madrid.

San Josemaría Escrivá (1981): *Vía Crucis*, Ediciones Rialp, Madrid.

San Josemaría Escrivá (1998): *Camino*, Ediciones Rialp, Madrid.

San Josemaría Escrivá (2020): *Cartas I. Sobre la humildad en la vida espiritual,* Rialp, Madrid.

San Juan Pablo II, Papa (2001): *Novo Millenio Ineunte*, Carta Encíclica, Vaticano.

Stegner, Wallace (2008): *En lugar seguro*. Libros del Asteroide, Barcelona.

Tolkien, J. R. R. (2001): *Trilogía El Señor de los Anillos*, Ediciones Minotauro, Barcelona.